O futuro de uma ilusão

Colaboradores desta edição:

Renato Zwick é bacharel em filosofia pela Unijuí. É tradutor de Nietzsche (*O anticristo*, L&PM, 2008; *Crepúsculo dos ídolos*, L&PM, 2009; e *Além do bem e do mal*, L&PM, 2008), de Rilke (*Os cadernos de Malte Laurids Brigge*, L&PM, 2009), e co-tradutor de Thomas Mann (*Ouvintes alemães!: discursos contra Hitler (1940-1945)*, Jorge Zahar, 2009).

Renata Udler Cromberg é formada em psicologia e filosofia pela USP, com mestrado e doutorado pela mesma universidade. É psicanalista, membro do Departamento de Psicanálise do Instituto Sedes Sapientiae, e autora de *Paranoia* (Casa do Psicólogo, 2000), *Cena incestuosa* (Casa do Psicólogo, 2001) e *O amor que ousa dizer seu nome, Sabina Spielrein, pioneira da psicanálise* (no prelo).

Paulo Endo é psicanalista e professor do Instituto de Psicologia da USP, com mestrado pela PUC-SP, doutorado pela USP e pós-doutorado pelo Centro Brasileiro de Análise e Planejamento / CAPES. É pesquisador-colaborador do Laboratório de Pesquisa em Psicanálise, Arte e Política da UFRGS e do Laboratório Interdisciplinar de Pesquisa e Intervenção Social da PUC-Rio. É autor de *A violência no coração da cidade* (Escuta/Fapesp, 2005; prêmio Jabuti 2006) e *Sigmund Freud* (com Edson Sousa; L&PM, 2009), e organizador de *Novas contribuições metapsicológicas à clínica psicanalítica* (Cabral Editora, 2003).

Edson Sousa é psicanalista membro da Associação Psicanalítica de Porto Alegre. É formado em psicologia pela PUC-RS, com mestrado e doutorado pela Universidade de Paris VII, e pós-doutorado pela Universidade de Paris VII e pela École des Hautes Études en Sciences Sociales de Paris. Pesquisador do CNPQ, leciona nas pós-graduações em Psicologia Social e em Artes Visuais da UFRGS, onde coordena, com Maria Cristina Poli, o Laboratório de Pesquisa em Psicanálise, Arte e Política. É autor de *Freud* (Abril, 2005), *Uma invenção da utopia* (Lumme, 2007) e *Sigmund Freud* (com Paulo Endo; L&PM, 2009), além de organizador de *Psicanálise e colonização* (Artes e Ofícios, 1999) e *A invenção da vida* (com Elida Tessler e Abrão Slavutzky; Artes e Ofícios, 2001).

SIGMUND FREUD

O futuro de uma ilusão

Tradução do alemão de Renato Zwick

Revisão técnica e prefácio de Renata Udler Cromberg

Ensaio biobibliográfico de Paulo Endo *e* Edson Sousa

2ª edição revisada

www.lpm.com.br

L&PM POCKET

Coleção **L&PM** POCKET, vol. 849

Texto de acordo com a nova ortografia.
Título original: *Die Zukunft einer Illusion*

Primeira edição na Coleção **L&PM** POCKET: fevereiro de 2010
Segunda edição revisada: junho de 2015
Esta reimpressão: novembro de 2025

Tradução: Renato Zwick
Revisão técnica e prefácio: Renata Udler Cromberg
Ensaio biobibliográfico: Paulo Endo e Edson Sousa
Preparação: Caroline Chang
Revisão: Patrícia Yurgel e Lia Cremonese
Capa: Ivan Pinheiro Machado. *Foto*: Sigmund Freud (1921). Akg-Images/ Latinstock

CIP-Brasil. Catalogação na fonte
Sindicato Nacional dos Editores de Livros, RJ

F942f
Freud, Sigmund, 1856-1939

O futuro de uma ilusão / Sigmund Freud; tradução de Renato Zwick; revisão técnica e prefácio de Renata Udler Cromberg; ensaio biobibliográfico de Paulo Endo e Edson Sousa. – 2 ed. – Porto Alegre, RS: L&PM, 2025.
144p. – (Coleção L&PM POCKET; v. 849)

Tradução de: *Die Zukunft einer Illusion*
Inclui bibliografia
ISBN 978-85-254-1998-9

1. Psicologia religiosa. 2. Religião. 3. Psicoterapia. I. Zwick, Renato. II. Endo, Paulo Cesar, 1965-. III. Sousa, Edson Luiz André de, 1959-. IV. Cromberg, Renata Udler. V. Título. VI. Série.

10-0300. CDD: 150.1952
CDU: 159.964.2

Rua Comendador Coruja, 314, loja 9 – Floresta – 90220-180
Porto Alegre – RS – Brasil / Fone: 51.3225.5777

PEDIDOS & DEPTO. COMERCIAL: vendas@lpm.com.br
FALE CONOSCO: info@lpm.com.br
www.lpm.com.br

Impresso no Brasil
Primavera de 2025

Sumário

Itinerário para uma leitura de Freud

Paulo Endo e Edson Sousa

Freud não é apenas o pai da psicanálise, mas o fundador de uma forma muito particular e inédita de produzir ciência e conhecimento. Ele reinventou o que se sabia sobre a alma humana (a psique), instaurando uma ruptura com toda a tradição do pensamento ocidental, a partir de uma obra em que o pensamento racional, consciente e cartesiano perde seu lugar exclusivo e egrégio. Seus estudos sobre a vida inconsciente, realizados ao longo de toda a sua vasta obra, são hoje referência obrigatória para a ciência e para a filosofia contemporâneas. Sua influência no pensamento ocidental não só é inconteste como não cessa de ampliar seu alcance, dialogando com e influenciando as mais variadas áreas do saber, como a filosofia, as artes, a literatura, a teoria política e as neurociências.

Sigmund Freud (1856-1939) nasceu em Freiberg (atual Příbor), na região da Morávia, hoje parte da República Tcheca, mas àquela época parte do Império Austríaco. Filho de Jacob

Freud e de sua terceira esposa, Amália Freud, teve nove irmãos – dois do primeiro casamento do pai e sete do casamento entre seu pai e sua mãe. Sigmund era o filho mais velho de oito irmãos e era sabidamente adorado pela mãe, que o chamava de "meu Sigi de ouro".

Em 1860, Jacob Freud, comerciante de lãs, mudou-se com a família para Viena, cidade onde Sigmund Freud residiria até quase o fim da vida, quando teria de se exilar em Londres, fugindo da perseguição nazista. De família pobre, formou-se em medicina em 1882. Devido a sua precária situação financeira, decidiu ingressar imediatamente na clínica médica em vez de se dedicar à pesquisa, uma de suas grandes paixões. À medida que se estabelecia como médico, pôde pensar em propor casamento para Martha Bernays. Casaram-se em 1886 e tiveram seis filhos: Mathilde, Martin, Oliver, Ernst, Sophie e Anna.

Embora o pai tenha lhe transmitido os valores do judaísmo, Freud nunca seguiu as tradições e os costumes religiosos; ao mesmo tempo, nunca deixou de se considerar um judeu. Em algumas ocasiões, atribuiu à sua origem judaica o fato de resistir aos inúmeros ataques que a psicanálise sofreu desde o início

(Freud aproximava a hostilidade sofrida pelo povo judeu ao longo da história às críticas virulentas e repetidas que a clínica e a teoria psicanalíticas receberam). A psicanálise surgiu afirmando que o inconsciente e a sexualidade eram campos inexplorados da alma humana, na qual repousava todo um potencial para uma ciência ainda adormecida. Freud assumia, assim, seu propósito de remar contra a maré.

Médico neurologista de formação, foi contra a própria medicina que Freud produziu sua primeira ruptura epistêmica. Isto é: logo percebeu que as pacientes histéricas, afligidas por sintomas físicos sem causa aparente, eram, não raro, tratadas com indiferença médica e negligência no ambiente hospitalar. A histeria pedia, portanto, uma nova inteligibilidade, uma nova ciência.

A característica, muitas vezes espetacular, da sintomatologia das pacientes histéricas de um lado e, de outro, a impotência do saber médico diante desse fenômeno impressionaram o jovem neurologista. Doentes que apresentavam paralisia de membros, mutismo, dores, angústia, convulsões, contraturas, cegueira etc. desafiavam a racionalidade médica, que não encontrava qualquer explicação plausível para tais sintomas e sofrimentos. Freud então se debruçou sobre essas pacientes; porém, desde o princípio buscava as raízes psíquicas do sofrimento histérico e não a explicação neurofisiológica de tal sintomatologia. Procurava dar voz a tais pacientes e ouvir o que tinham a dizer, fazendo uso, no início, da hipnose como técnica de cura.

Em 1895, é publicado o artigo inaugural da psicanálise: *Estudos sobre a histeria*. O texto foi escrito com o médico Josef Breuer (1842-1925), o primeiro parceiro de pesquisa de Freud. Médico vienense respeitado e erudito, Breuer reconhecera em Freud um jovem brilhante e o ajudou durante anos, entre 1882 e 1885, inclusive financeiramente. *Estudos sobre a histeria* é o único material que escreveram juntos e já evidencia o distanciamento intelectual entre ambos. Enquanto Breuer permanecia convicto de que a neurofisiologia daria sustentação ao que ele e Freud já haviam observado na clínica da histeria, Freud, de outro modo, já estava claramente interessado na raiz sexual das psiconeuroses – caminho que perseguiu a partir do método clínico ao reconhecer em todo sintoma psíquico uma espécie de hieróglifo.

Escreveu certa vez: "O paciente tem sempre razão. A doença não deve ser para ele um objeto de desprezo, mas, ao contrário, um adversário respeitável, uma parte do seu ser que tem boas razões de existir e que lhe deve permitir obter ensinamentos preciosos para o futuro".

Em 1899, Freud estava às voltas com os fundamentos da clínica e da teoria psicanalíticas. Não era suficiente postular a existência do inconsciente, uma vez que muitos outros antes dele já haviam se referido a esse aspecto desconhecido e pouco frequentado do psiquismo humano. Tratava-se de explicar seu dinamismo e estabelecer as bases de uma clínica que tivesse o inconsciente como núcleo. Há o inconsciente, mas como ter acesso a ele?

Foi nesse mesmo ano que Freud finalizou aquele que é, para muitos, o texto mais importante da história da psicanálise: *A interpretação dos sonhos*. A edição, porém, trazia a data de 1900. Sua ambição e intenção ao usar como data de publicação o ano seguinte era a de que esse trabalho figurasse como um dos mais importantes do século XX. De fato, *A interpretação dos sonhos* é hoje um dos mais relevantes textos escritos no referido século, ao lado de *A ética protestante e o "espírito" do capitalismo*, de Max Weber, *Tractatus Logico-Philosophicus*, de Ludwig Wittgenstein, e *Origens do totalitarismo*, de Hannah Arendt.

Nesse texto, Freud propõe uma teoria inovadora do aparelho psíquico, bem como os fundamentos da clínica psicanalítica, única capaz de revelar as formações, tramas e expressões do inconsciente, além da sintomatologia e do sofrimento que correspondem a essas dinâmicas. *A interpretação dos sonhos* revela, portanto, uma investigação extensa e absolutamente inédita sobre o inconsciente. Tudo isso a partir da análise e do estudo dos sonhos, a manifestação psíquica inconsciente por excelência. Porém, seria preciso aguardar um trabalho posterior para que fosse abordado o papel central da sexualidade na formação dos sintomas neuróticos.

Foi um desdobramento necessário e natural para Freud a publicação, em 1905, de *Três ensaios sobre a teoria da sexualidade.* A apresentação plena das suas hipóteses fundamentais sobre o papel da sexualidade na gênese da neurose (já noticiadas nos *Estudos sobre a histeria*) pôde, enfim, vir à luz, com todo o vigor do pensamento freudiano e livre das amarras de sua herança médica e da aliança com Breuer.

A verdadeira descoberta de um método de trabalho capaz de expor o inconsciente, reconhecendo suas determinações e interferindo em seus efeitos, deu-se com o surgimento da clínica psicanalítica. Antes disso, a nascente psicologia experimental alemã, capitaneada por Wilhelm Wundt (1832-1920), esmerava-se em aprofundar exercícios de autoconhecimento e autorreflexão psicológicos denominados de introspeccionismo. A pergunta óbvia elaborada pela psicanálise era: como podia a autoinvestigação esclarecer algo sobre o psiquismo profundo tendo sido o próprio psiquismo o que ocultou do sujeito suas dores e sofrimentos? Por isso a clínica psicanalítica propõe-se como uma fala do sujeito endereçada à escuta de um outro (o psicanalista).

A partir de 1905, a clínica psicanalítica se consolidou rapidamente e se tornou conhecida em diversos países, despertando o interesse e a necessidade de traduzir os textos de Freud para outras línguas. Em 1910, a psicanálise já ultrapassara as fronteiras da Europa e começava a chegar a países distantes como Estados Unidos, Argentina e Brasil. Discípulos de outras partes do mundo se aproximavam da obra freudiana e do movimento psicanalítico.

Desde muito cedo, Freud e alguns de seus seguidores reconheceram que a teoria psicanalítica tinha um alcance capaz de iluminar dilemas de outras áreas do conhecimento além daqueles observados na clínica. Um dos primeiros textos fundamentais nesta direção foi *Totem e tabu: algumas correspondências entre a vida psíquica dos selvagens e a dos neuróticos*, de 1913. Freud afirmou que *Totem e tabu* era, ao lado de *A interpretação dos sonhos*, um dos textos mais importantes de sua obra e o considerou uma contribuição para o que ele chamou de psicologia dos povos. De fato, nos grandes textos sociais e políticos de Freud há indicações explícitas a *Totem e tabu* como sendo o ponto de partida e fundamento de suas teses. É o caso de *Psicologia das massas e análise do eu* (1921), *O futuro de uma ilusão* (1927), *O mal-estar na cultura* (1930) e *O homem Moisés e a religião monoteísta* (1939).

O período em que Freud escreveu *Totem e tabu* foi especialmente conturbado, sobretudo porque estava sendo gestada a Primeira Guerra Mundial, que eclodiria em 1914 e duraria até 1918. Esse episódio histórico foi devastador para Freud e o movimento psicanalítico, esvaziando as fileiras dos pacientes que procuravam a psicanálise e as dos próprios psicanalistas. Importantes discípulos freudianos, como Karl Abraham e Sándor Ferenczi, foram convocados para o front, e a atividade clínica de Freud foi praticamente paralisada, o que gerou dissabores extremos à sua família devido à falta de recursos financeiros. Foi nesse período que Freud escreveu alguns dos textos mais importantes do que se costuma chamar a primeira fase da psicanálise (1895-1914). Esses trabalhos foram por ele intitulados de "textos sobre a metapsicologia", ou textos sobre a teoria psicanalítica.

Tais artigos, inicialmente previstos para perfazerem um conjunto de doze, eram parte de um projeto que deveria sintetizar as principais posições teóricas da ciência psicanalítica até então. Em apenas seis semanas, Freud escreveu os cinco artigos que hoje conhecemos como uma espécie de apanhado denso, inovador e consistente de metapsicologia. São eles: "Pulsões e destinos da pulsão", "O inconsciente", "O recalque", "Luto e melancolia" e "Complemento metapsicológico à doutrina dos sonhos". O artigo "Para introduzir o narcisismo", escrito em 1914, junta-se também a esse grupo de textos. Dos doze artigos previstos, cinco não foram publicados, apesar de Freud tê-los concluído: ao que tudo indica, ele os destruiu. (Em 1983, a psicanalista e pesquisadora Ilse Grubrich-Simitis encontrou um manuscrito de Freud, com um bilhete anexado ao discípulo e amigo Sándor Ferenczi, em que identificava "Visão geral das neuroses de transferência" como o 12º ensaio da série sobre metapsicologia. O artigo foi publicado em 1985 e é o sétimo e último texto de Freud sobre metapsicologia que chegou até nós.)

Após o final da Primeira Guerra e alguns anos depois de ter se esmerado em reapresentar a psicanálise em seus fundamentos, Freud publica, em 1920, um artigo avassalador intitulado *Além do princípio de prazer*. Texto revolucionário, admirável e ao mesmo tempo mal aceito e mal digerido até hoje por muitos psicanalistas, desconfortáveis com a proposição de uma pulsão (ou impulso, conforme se preferiu na presente tradução) de morte autônoma e independente das pulsões de vida. Nesse artigo, Freud refaz os alicerces da teoria psicanalítica ao propor novos fundamentos para a teoria das pulsões. A primeira teoria das pulsões apresentava duas energias psíquicas como sendo a base da dinâmica do psiquismo: as pulsões do eu e as pulsões de objeto. As pulsões do eu ocupam-se em dar ao eu proteção, guarida e satisfação das necessidades elementares (fome, sede, sobrevivência, proteção contra intempéries etc.), e as pulsões de objeto buscam a associação erótica e sexual com outrem.

Já em *Além do princípio de prazer*, Freud avança no estudo dos movimentos psíquicos das pulsões. Mobilizado pelo tratamento dos neuróticos de guerra que povoavam as cidades europeias e por alguns de seus discípulos que, convocados, atenderam psicanaliticamente nas frentes de batalha, Freud reencontrou o estímulo para repensar a própria natureza da repetição do sintoma neurótico em sua articulação com o trauma. Surge o conceito de pulsão de morte: uma energia que ataca o psiquismo e pode paralisar o trabalho do eu, mobilizando-o em direção ao desejo de não mais desejar, que resultaria na morte psíquica. É provavelmente a primeira vez em que se postula no psiquismo uma tendência e uma força capazes de provocar a paralisia, a dor e a destruição.

Uma das principais consequências dessa reviravolta é a segunda teoria pulsional, que pode ser reencontrada na nova teoria do aparelho psíquico, conhecida como segunda tópica, ou segunda teoria do aparelho psíquico (que se dividiria em ego, id e superego, ou eu, isso e supereu), apresentada no texto *O eu e o id*, publicado em 1923. Freud propõe uma instância psíquica denominada supereu. Essa instância, ao mesmo tempo em que possibilita uma aliança psíquica com a cultura, a civilização, os pactos sociais, as leis e as regras, é também responsável pela culpa, pelas frustrações e pelas exigências que o sujeito impõe a si mesmo, muitas delas inalcançáveis. Daí o mal-estar que acompanha todo sujeito e que não pode ser inteiramente superado.

Em 1938, foi redigido o texto *Compêndio da psicanálise*, que seria publicado postumamente em 1940. Freud pretendia escrever uma grande síntese de sua doutrina, mas faleceu no exílio londrino em setembro de 1939, após a deflagração da Segunda Guerra Mundial, antes de terminá-la. O *Compêndio* permanece, então, conforme o próprio nome sugere, como uma espécie de inacabado testamento teórico freudiano, indicando a incompletude da própria teoria psicanalítica que, desde então, segue se modificando, se refazendo e se aprofundando.

É curioso que o último grande texto de Freud, publicado em 1939, tenha sido *O homem*

Moisés e a religião monoteísta, trabalho potente e fundador que reexamina teses historiográficas basilares da cultura judaica e da religião monoteísta a partir do arsenal psicanalítico. Essa obra mereceu comentários de grandes pensadores contemporâneos como Yosef Yerushalmi, Edward Said e Jacques Derrida, que continuaram a enriquecê-la, desvelando não só a herança judaica muito particular de Freud, por ele afirmada e ao mesmo tempo combatida, mas também o alcance da psicanálise no debate sobre os fundamentos da historiografia do judaísmo, determinante da constituição identitária de pessoas, povos e nações.

Esta breve anotação introdutória é certamente insuficiente, pois muito ainda se poderia falar de Freud. Contudo, esperamos haver, ao menos, despertado a curiosidade no leitor, que passará a ter em mãos, com esta coleção, uma nova e instigante série de textos de Freud, com tradução direta do alemão e revisão técnica de destacados psicanalistas e estudiosos da psicanálise no Brasil.

Ao leitor, só nos resta desejar boa e transformadora viagem.

Prefácio

Renata Udler Cromberg

Em *O futuro de uma ilusão*, publicado em 1927, Freud procura analisar a origem da necessidade do ser humano de ter uma crença religiosa na sua vida. Apesar de Freud respeitar o fenômeno religioso como manifestação cultural e manifestação de fé singular calcada nos sentidos, ele tenta desmontá-la enquanto forma de conhecimento do mundo por considerá-la a origem da alienação, da superstição, além de um fenômeno calcado na imaginação. Freud se aproxima muito do filósofo Espinosa ao procurar esclarecer e liberar o ser humano no intuito de ajudá-lo na compreensão e na transformação dos seus afetos para que ele não se torne submisso a opressões reais e imaginárias, dentro e fora de si.

O futuro de uma ilusão é o quarto dos seis ensaios de Freud que abordam temas ligados à constituição da cultura e da sociedade. Os outros cinco são: "A moral sexual 'cultural' e o nervosismo moderno", de 1908, *Totem e tabu*, de 1913, *Psicologia das massas e análise do eu*, de 1921, *O mal-estar na cultura*, de 1930, e *O homem Moisés e a religião monoteísta*, de 1939. Tais ensaios são erroneamente chamados de textos sociais de Freud ou de psicanálise aplicada, uma vez que neles Freud faz análise da cultura ou da sociedade toda vez que tem uma questão conceitual a testar ou a resolver referente à própria e constante recriação da teoria psicanalítica. Assim, o social e o singular entrelaçam-se na produção desses textos, que analisam a constituição das manifestações psíquicas, culturais e sociais.

O próprio Freud, nas primeiras linhas de *Psicologia das massas e análise do eu*, rejeita a oposição clássica entre psicologia individual e psicologia social, ou psicologia das massas, salientando que há sempre um outro (modelo, objeto, rival) na vida psíquica do indivíduo, e que, portanto, a psicologia individual é sempre social. Entretanto, há uma diferença, no interior da psicologia individual, entre os atos sociais e os atos narcísicos: no caso destes últimos, a satisfação pulsional (ou impulsional) escapa aos efeitos da alteridade. Assim, esses ensaios abordam também questões vitais para Freud como homem atravessado e constituído em suas escolhas e ações pelas intensidades do tempo histórico em que vivia e em razão das quais sofria passivamente: a queda das monarquias europeias, a Primeira Guerra Mundial, a Revolução Russa, a ascensão do stalinismo, do fascismo e do nazismo e suas políticas de massa totalitárias, a escalada do antissemitismo, a Grande Depressão e o vertiginoso desenvolvimento tecnológico.

Ao escrever sobre religião naquele momento específico da sua obra, Freud luta para estabelecer a psicanálise enquanto campo de saber que formula uma concepção de aparelho psíquico, que por sua vez fornece a base de uma nova terapêutica para o sofrimento mental humano. O sofrimento mental humano não é nem o produto de forças exteriores, como a religião faz acreditar, nem o produto de lesões corporais ou de heranças familiares, como a medicina fazia crer até então. É na história singular de cada homem, em conjunção com as forças pulsionais que habitam seu corpo e inscritas na constituição de seu psiquismo, que encontramos as razões para o sofrimento psíquico que se expressa através de seu corpo e de sua alma.

O veículo para a cura é uma fala que será escutada por outro. Porém, não se trata nem de uma confissão, como a fala a um padre, nem de um discurso dirigido a um saber prefixado, como no caso de uma consulta médica. O psicanalista, da posição de escuta em que está, abre a fala do sujeito para um saber verdadeiro desconhecido por ambos, até que este surge, inesperadamente. A psicanálise, então, distingue-se de todos os tratamentos da alma e de todas as formas de confissões terapêuticas ligadas às diversas religiões justamente por encontrar no próprio homem a origem e a cura para seus males, possibilitando a libertação dos fantasmas que impedem a autonomia e a liberdade de suas escolhas. Por isso, segundo Freud, a psicanálise deveria construir seus próprios critérios de formação profissional. Não deveria se subordinar nem à medicina nem à psiquiatria, uma subdivisão desta, tampouco à religião. Mas no início, para garantir sua laicidade, ela se submeteu à medicina e teve até mesmo um papel de crescente importância de subsídio à psiquiatria, então uma nova área médica. Contudo, quando a psiquiatria tentou abocanhar a exclusividade da formação profissional do psicanalista, Freud discordou veementemente. Em 1926, escreveu *A questão da análise leiga*, um texto vigoroso a favor da análise realizada por não médicos que tivessem passado pelos critérios exclusivos da formação psicanalítica, a saber, a análise pessoal dita didática e a supervisão dos atendimentos clínicos. Para garantir o controle exclusivo da especificidade da formação do psicanalista e a autonomia do saber psicanalítico, as instituições psicanalíticas se fortaleceram com a criação da Associação Psicanalítica Internacional, em 1925, em Viena. Com algumas variações, essas regras são aceitas por todas as instituições psicanalíticas que de alguma forma reivindicam o freudismo no mundo, em suas diversas correntes. Tais instituições se reafirmam vigorosamente como a garantia de que a prática psicanalítica não seja engolida e distorcida por psiquiatras, psicoterapeutas ou religiosos.

Freud mesmo escreve numa carta a Oskar Pfister, reverendo protestante, seu grande amigo e interlocutor imaginário desse ensaio, que "ao tratar da análise leiga, pretendia proteger a psicanálise dos médicos, ao passo que, em *O futuro de uma ilusão*, procuro defendê-la dos padres", confirmando o laço implícito entre os dois textos. Após demarcar o campo de atuação e formação do psicanalista de maneira a distingui-lo do campo médico e psiquiátrico, agora se tratava de afastar definitivamente o risco de confundi-lo com o campo sagrado das terapêuticas religiosas da alma.

Demolir os argumentos da fé religiosa já era um projeto antigo de Freud; chegara a hora de realizá-lo. Oskar Pfister aderira ao movimento psicanalítico em 1908, pois desejava utilizar a técnica psicanalítica em sua missão de pastor das almas. Foi um pioneiro da psicanálise na Suíça alemã e teve um valor estratégico excepcional para Freud no momento do encontro entre ambos. Foram trinta anos de amizade baseada no grande afeto e na admiração recíproca, apesar das divergências em questões de fé e de prática clínica. Após a redação de *O futuro*, Freud anunciou a Pfister, por carta, que a publicação do texto tinha muito a ver com ele e que há muito queria escrevê-lo, mas havia arquivado a ideia em consideração ao amigo, até que finalmente a premência se tornou forte demais. O ensaio tratava da atitude absolutamente negativa dele, Freud, para com a religião sob todas as formas e combinações e, apesar disso não ser novidade para Pfister, tal confissão pública poderia lhe ser embaraçosa. Pfister reagiu de forma encorajadora, dizendo, por carta, que preferia muito mais ler um descrente sensato como Freud do que mil crentes sem valor.

Em "A ilusão de um futuro", artigo publicado logo em seguida na pioneira revista psicanalítica *Imago* (dentre várias reações suscitadas por *O futuro*, algumas das quais violentas), o reverendo dizia amistosamente que o redigira a favor e não contra Freud, pois, afinal, quem quer que ingressasse nas fileiras da psicanálise por ele combatia. O reverendo inteligentemente invertera os papéis com seu velho amigo, acusando Freud, sabidamente um pessimista inveterado, de um otimismo injustificado. Pfister argumentou que o conhecimento não garantia o progresso. A ciência, seca e antisséptica, tampouco jamais poderia ocupar o lugar da religião, já que não conseguia inspirar valores morais ou obras de arte duradouras. Em seu artigo, Pfister afirmava que a verdadeira fé era uma proteção contra a neurose e que a posição freudiana era ela própria uma ilusão, pois passava ao largo da atitude autêntica do cristão. Freud respondeu-lhe em carta dizendo que, em si, a psicanálise não é nem religiosa nem irreligiosa. É um sentimento sem partido, do qual podem servir-se religiosos e leigos, desde que o façam unicamente a serviço do alívio dos seres que sofrem.

Examinemos sucintamente a religião na obra de Freud. A religião foi analisada como fato social por Max Weber e Émile Durkheim no início do século XX no campo novo da sociologia. Freud, porém, pensa a origem do sentimento religioso de um outro ponto de vista, a partir do funcionamento da vida psíquica do indivíduo. O tema aparece inicialmente em "Atos obsessivos e práticas religiosas", de 1907, ensaio no qual Freud faz um paralelo entre os sintomas do quadro clínico da neurose obsessiva e a religião, sendo os sintomas obsessivos a religião particular do neurótico, enquanto a religião seria o sintoma neurótico da humanidade. Como elemento determinante da educação, vê na religião uma coerção precoce e nefasta da inteligência infantil, em "A moral sexual 'cultural' e o nervosismo moderno", de 1908. Já em *Totem e tabu*, de 1913, Freud apresenta sua teoria da religião propondo uma interpretação do desenvolvimento das religiões, do animismo até o cristianismo, passando por vários graus intermediários. Para ele, a verdade histórica, mais do que a verdade fatual – contida na religião e ao mesmo tempo por ela deformada até tornar-se irreconhecível –, é a verdade do crime primordial, cujos traços não podem ser suprimidos: o assassinato do pai primitivo, senhor absoluto da horda, feito por seus filhos, cuja culpa e arrependimento institui as primeiras proibições que fundam a cultura e a possibilidade da vida em sociedade, ou seja, a proibição do assassinato e a instauração do tabu do incesto. Assim, a raiz da ilusão religiosa é a nostalgia do pai, que retorna sob a figura do pai morto, inicialmente como totem, depois como os deuses e finalmente na figura abstrata de Deus. Essa tese ganhará importância crescente na obra de Freud, e ele não mais a abandonará como eixo de compreensão da vida psíquica e cultural do homem.

A religião também aparece como questão da vida psíquica de Freud na figura – crucial para ele – de Moisés, o profeta bíblico. Seu último artigo publicado em vida, uma espécie de testamento literário, é *O homem Moisés e a religião monoteísta*, de 1939, ensaio em que é abordada a religião como manifestação psíquica e cultural, desta vez numa desconstrução até a origem do monoteísmo. Todo o pensamento de Freud sobre a religião carrega as marcas de sua ambivalência em relação à sua condição de judeu. Ele nunca renegou sua judeidade e a reivindicou todas as vezes que se confrontou com o antissemitismo. Como muitos intelectuais judeus vienenses, foi obrigado a elaborar sua judeidade, a maneira de se pensar judeu no mundo moderno, mesmo sendo descrente, agnóstico, humanista, leigo ou ateu. Freud tinha horror ao ódio judeu de si mesmo e à fuga para a conversão a outras religiões. Mas era descrente e hostil às práticas religiosas, rejeitava as tradições, os ritos e as festas, e, no seio da sua própria família, combatia as atitudes religiosas da esposa. Quando o nazismo fez da psicanálise uma ciência judaica, ele reivindicou sua judeidade. Escapando por um triz de ser preso pela Gestapo, teve mais sorte do que muitos psicanalistas judeus e do que suas irmãs, que não conseguiram emigrar e pereceram nos campos de extermínio nazistas.

Em *O futuro de uma ilusão*, como o leitor logo terá a oportunidade de constatar, o argumento psicanalítico central contra a religião é a necessidade, por parte do sentimento religioso, de derivar suas crenças e suas práticas dos sentimentos de desproteção e vulnerabilidade presentes no indivíduo e na maneira de a criança sempre viva no psiquismo de cada um criar mecanismos psíquicos para se haver com tais sentimentos. A religião teria sua origem, então, como construção de uma proteção contra o desamparo humano diante de situações que o homem não domina e não controla: a finitude, a fragilidade do corpo e a agressividade na relação com o seu semelhante. Mas a principal crítica de Freud à religião é a de ter falhado em conciliar o homem com as renúncias pulsionais impostas pela civilização.

O futuro de uma ilusão é precursor de *O mal-estar na cultura*, o texto mais sombrio e visionário de Freud sobre a condição humana. Neste último, ele aprofunda e estende a análise crítica da religião à cultura em geral. É a figura do escritor francês Romain Rolland que faz a ponte entre os dois ensaios. O título de *O futuro de uma ilusão* foi tomado de um trecho da peça teatral *Liluli*, de Rolland. Já o ensaio de 1929 tem como mote inicial a crítica a uma resenha escrita por Rolland em que este lamentava que Freud não tivesse levado em consideração, em *O futuro de uma ilusão*, o sentimento oceânico, o fato simples e direto da sensação do eterno. Freud rejeita que tal sensação possa constituir a essência da religiosidade. Retomando e estendendo as teses do livro anterior, ele mostra como a religião busca impor um modelo de felicidade uniforme, único e restritivo de adaptação à realidade, cujas características são a desvalorização da vida terrena, a substituição do mundo real por um mundo delirante e a inibição intelectual, sem atender, portanto, à infinita variedade das condições psíquicas.

Que a leitura deste livro sirva de inspiração neste mundo onde os extremismos religiosos e o Deus Dinheiro ameaçam perigosamente a lucidez amorosa necessária à reinvenção de uma concepção de cultura que não contrarie as forças da Natureza, mas que seja a favor da potência de vida desta. Não há futuro sem ilusão, sendo "ilusão" entendida como zona de constante abertura psíquica para a recriação do mundo por meio do sonho, da arte e da espiritualidade, e para a invenção permanente de si. Que o homem, ao assumir sua destrutividade, possa reinventar novas formas de amor que a contenham. Mas, como disse Freud, quem pode presumir o sucesso e o desfecho dessa luta imortal?

O futuro de uma ilusão

I

Quando alguém viveu um bom tempo em determinada cultura e fez esforços frequentes na investigação de suas origens e do percurso de seu desenvolvimento, chega o dia em que também sente a tentação de voltar o olhar na outra direção e perguntar qual o destino mais remoto que aguarda essa cultura e por quais transformações ela está destinada a passar. Logo notará, porém, que o valor de semelhante investigação será depreciado de antemão por vários fatores. Sobretudo pelo fato de haver apenas poucas pessoas que podem abranger a atividade humana em todos os seus desdobramentos. Para a maioria, tornou-se necessária a limitação a um único ou a poucos campos do saber, porém, quanto menos alguém sabe do passado e do presente, tanto mais inseguro será seu juízo sobre o futuro. Também porque, precisamente em tal juízo, as expectativas subjetivas do indivíduo representam um papel difícil de avaliar; elas se mostram dependentes de fatores puramente pessoais de sua experiência particular, de sua atitude mais ou menos esperançosa em relação à vida, tal como lhe foi prescrita através do temperamento, do êxito ou do fracasso. Por fim, entra em ação o fato notável de que, em geral, os homens vivem o presente como que ingenuamente, sem conseguir apreciar seus conteúdos; primeiro precisam se distanciar dele, ou seja, o presente precisa ter se transformado em passado caso se queira tirar dele pontos de referência para o juízo sobre o futuro.

Assim, quem cede à tentação de se manifestar sobre o futuro provável de nossa cultura fará bem em se lembrar das dificuldades que acabamos de indicar, bem como da incerteza geralmente ligada a toda previsão. Disso se segue, no que diz respeito a mim, que, em fuga apressada diante de tarefa tão grande, logo passarei a investigar o pequeno campo que até hoje mereceu a minha atenção, depois de apenas determinar sua posição no grande todo.

Como se sabe, a cultura humana – me refiro a tudo aquilo em que a vida humana se elevou acima de suas condições animais e se distingue da vida dos bichos; e me recuso a separar cultura e civilização – mostra dois lados ao observador.

Ela abrange, por um lado, todo o saber e toda a capacidade adquiridos pelo homem com o fim de dominar as forças da natureza e obter seus bens para a satisfação das necessidades humanas e, por outro, todas as instituições necessárias para regular as relações dos homens entre si e, em especial, a divisão dos bens acessíveis. Essas duas orientações da cultura não são independentes uma da outra, em primeiro lugar, porque as relações mútuas entre os homens são profundamente influenciadas pela medida de satisfação dos impulsos[1] possibilitada pelos

---

1. "Impulso" foi a nossa opção para traduzir *Trieb*. Embora os problemas terminológicos constituam uma parte relativamente pequena da tarefa de traduzir, talvez seja pertinente fazer um breve comentário acerca da tradução desse termo.

O substantivo alemão *Trieb* surgiu no século XIII, derivado do verbo *treiben*, que significa "impelir, impulsionar, tocar para a frente". Segundo o *Dicionário comentado do alemão de Freud*, de Luiz Alberto Hanns (Imago, 1996), *Trieb*, tal como empregado não só na linguagem corrente, mas também nas linguagens comercial, religiosa, científica e filosófica, adquiriu sentidos que estão todos muito próximos e sempre correlacionados com um núcleo semântico básico: algo que propulsiona, aguilhoa, toca para a frente, não deixa parar, empurra, coloca em movimento. Assim, *Trieb* evoca a ideia, ainda segundo Hanns, de força poderosa e irresistível que impele.

Tal como empregado por Freud, o sentido do termo aponta nessa mesma direção: "Chamamos de *Triebe* as forças que supomos existir por trás das tensões de necessidade do isso" (*Compêndio da psicanálise*, cap. 2, p. 49, L&PM, 2014). Ou na definição igualmente concisa do *Vocabulário da psicanálise* (cont.)

bens existentes e, em segundo lugar, porque o próprio indivíduo pode se relacionar com outro na condição de um bem, na medida em que este utiliza a força de trabalho do primeiro ou o toma como objeto sexual; porém, em terceiro lugar, porque todo indivíduo é virtualmente um inimigo da cultura, que, no entanto, deve ser um interesse humano geral. É notável o fato

---

(cont.) de J. Laplanche e J.-B. Pontalis (Martins Fontes, 2004): "[O *Trieb* é um] processo dinâmico que consiste numa pressão ou força (carga energética, fator de motricidade) que faz o organismo tender para um objetivo".

No Brasil, a tradução do termo *Trieb* se polarizou entre "instinto" e "pulsão", o que é um reflexo evidente do fato de a recepção de Freud em nosso país ter sido mediada predominantemente pela tradição anglo-saxã (a tradução da tradução de James Strachey, que emprega *instinct*) e pela francesa (a leitura de Jacques Lacan e seus seguidores, que empregam *pulsion*). Ou seja: não se traduziu *Trieb*, mas os termos que foram propostos como seus equivalentes em inglês e francês. No entanto, entre o Cila de um termo impreciso (*instinct* – e, por extensão, "instinto" – parece mais adequado para verter o alemão *Instinkt*) e o Caríbdis de um horríssono neologismo, acreditamos que haja uma terceira possibilidade, que consiste simplesmente em atentar para os *sentidos* do termo *alemão* e buscar o seu equivalente em nosso idioma. Por essa razão, propomos a tradução de *Trieb* por "impulso", termo que, parece-nos, cobre perfeitamente os vários matizes de sentido da palavra alemã arrolados acima.

O risco de que nossa sugestão seja qualificada desdenhosamente de purista não é pequeno, e o fascínio dos jargões, como prova o alastramento do referido neologismo, é grande. Na construção de seu edifício teórico, contudo, Freud empregou termos correntes *e* antiquíssimos de sua língua – um procedimento que tentamos reproduzir na nossa. (N.T.)

de os seres humanos, por mais que não possam viver em isolamento, considerarem opressivos os sacrifícios que lhes são exigidos pela cultura com o propósito de possibilitar uma vida em comum. A cultura, portanto, precisa ser defendida contra o indivíduo, e suas disposições, instituições e mandamentos se colocam a serviço dessa tarefa; não apenas objetivam estabelecer certa divisão de bens, mas também mantê-la, e precisam, inclusive, proteger dos arroubos hostis dos homens tudo aquilo que serve para dominar a natureza e produzir bens. As criações humanas são fáceis de destruir, e a ciência e a técnica que as construíram também podem ser empregadas na sua aniquilação.

Fica-se assim com a impressão de que a cultura é algo imposto a uma maioria recalcitrante por uma minoria que soube se apropriar dos meios de poder e de coerção. Obviamente, é fácil supor que essas dificuldades não estão ligadas à essência da própria cultura, mas que dependem das imperfeições das formas de cultura até agora desenvolvidas. Não é difícil, de fato, indicar esses defeitos. Enquanto a humanidade fez progressos contínuos no que diz respeito à dominação da natureza e pode esperar outros ainda maiores, não é possível constatar com segurança um progresso análogo na regulação dos assuntos humanos, e é provável que em todas as épocas, tal como ocorre agora novamente, muitas pessoas tenham se perguntado se vale mesmo a pena defender essa parcela da aquisição cultural. É de se acreditar que teria de ser possível uma nova regulação das relações humanas que fizesse secar as fontes do descontentamento com a cultura, na medida em que esta renunciasse à coerção e à repressão dos impulsos, de modo que os homens, sem serem perturbados por disputas interiores, pudessem se dedicar à obtenção de bens e ao seu usufruto. Seria a Idade do Ouro, restando apenas a questão de saber se tal estado pode se tornar realidade. Parece, antes, que toda cultura tem de ser construída sobre a coerção e a renúncia aos impulsos; não parece nem mesmo assegurado que a maioria dos indivíduos esteja preparada para assumir o trabalho necessário à obtenção de novos bens vitais caso cesse a coerção. Acho que é preciso contar com o fato de que em todos os homens há tendências destrutivas, ou seja, antissociais e anticulturais, e que num grande número de pessoas elas são fortes o bastante para determinar seu comportamento na sociedade humana.

Esse fato psicológico possui uma significação decisiva para o juízo acerca da cultura humana. Se de início se podia pensar que o essencial nela era a dominação da natureza para a obtenção de bens vitais e que os perigos que a ameaçavam poderiam ser eliminados por meio da adequada divisão desses bens entre os homens, agora o centro de gravidade parece ter se deslocado do material para o psíquico. Torna-se decisivo se e em que medida se é bem-sucedido em reduzir a carga de sacrifício dos impulsos imposta aos homens, em reconciliá-los com a necessária carga restante e compensá-los por isso. Assim como não se pode prescindir da coerção ao trabalho da cultura, tampouco se pode prescindir da dominação de uma minoria sobre a massa, pois as massas são indolentes e insensatas, não gostam de renunciar aos impulsos, não podem ser persuadidas com argumentos da inevitabilidade dessa renúncia e seus indivíduos se fortalecem mutuamente na tolerância aos desregramentos que praticam. Apenas através da influência de indivíduos exemplares que as massas reconheçam como seus líderes é que elas podem ser movidas ao trabalho e às renúncias de que depende a continuidade da cultura.

Tudo anda bem se esses líderes forem pessoas dotadas de uma compreensão superior acerca das necessidades da vida e tenham se resolvido a dominar seus próprios desejos impulsionais. Mas há o risco de que, para não perder sua influência, façam mais concessões à massa do que esta a eles, e por isso parece necessário que disponham de meios de poder que lhes permitam ser independentes dela. Para resumir, eu diria que há duas características humanas amplamente difundidas responsáveis pelo fato de as instituições culturais apenas poderem ser mantidas através de certa medida de coerção, a saber, que os homens não são espontaneamente inclinados ao trabalho e que argumentos nada podem contra suas paixões.

Conheço as objeções que serão colocadas a essas explicações. Será dito que o caráter aqui descrito das massas humanas, que deve demonstrar a indispensabilidade da coerção para o trabalho da cultura, é ele próprio apenas a consequência de instituições culturais imperfeitas que tornaram os homens rancorosos, vingativos e intratáveis. Novas gerações, educadas com carinho e para valorizar o pensamento, que cedo tenham experimentado os benefícios da cultura, terão uma relação diferente com ela, considerando-a como a sua posse mais autêntica, e estarão preparadas para lhe oferecer os sacrifícios necessários à sua conservação, tanto em trabalho como em renúncia à satisfação dos impulsos. Elas poderão prescindir da coerção e pouco se distinguirão de seus líderes. Se até agora não houve massas humanas dessa qualidade em nenhuma cultura, isso é consequência de nenhuma cultura ter encontrado ainda as instituições para influenciar os homens, desde a infância, dessa maneira.

Pode-se duvidar se é mesmo possível, ou se é possível no estágio atual de nossa dominação da natureza, produzir tais instituições culturais; pode-se perguntar donde devem provir esses líderes superiores, firmes e abnegados que deverão atuar no papel de educadores das gerações futuras; pode-se ficar assustado diante do extraordinário dispêndio de coerção que será inevitável até a realização desses propósitos. A grandiosidade desse plano, sua significação para o futuro da cultura humana, não poderá ser contestada. Ele repousa seguramente na compreensão psicológica de que o homem é dotado das mais variadas disposições de impulsos, cuja direção definitiva é apontada pelas primeiras vivências infantis. Por isso, as limitações da educabilidade do homem também impõem seus limites à eficácia de semelhante mudança cultural. Pode-se pôr em dúvida se e em que medida um outro ambiente cultural seria capaz de extinguir as duas características das massas que tanto dificultam a condução dos assuntos humanos. A experiência ainda não foi feita. É provável que certa percentagem da humanidade – em consequência de uma disposição patológica ou de uma força excessiva dos impulsos – sempre permaneça associal, mas caso apenas se consiga reduzir a uma minoria a maioria que hoje é hostil à cultura, já se terá conseguido bastante, talvez tudo o que seja possível conseguir.

Não gostaria de despertar a impressão de que me afastei muito do caminho que tracei para minha investigação. Por isso, quero assegurar expressamente que não tenho interesse em julgar o grande experimento cultural que está sendo feito atualmente na vasta nação situada entre a Europa e a Ásia. Não possuo o conhecimento de causa nem a capacidade para julgar sua exequibilidade, examinar a adequação dos métodos empregados ou medir a extensão do inevitável abismo entre as intenções e a sua realização. Por estar incompleto, o que lá está em preparo escapa a considerações para as quais a nossa cultura, há tempos consolidada, oferece o material.

II

De modo inesperado, deslizamos do âmbito econômico ao psicológico. De início, estávamos tentados a buscar o patrimônio da cultura nos bens existentes e nas instituições que regulam sua divisão. Ao reconhecermos que toda cultura repousa sobre a coerção ao trabalho e a renúncia aos impulsos, e que por isso produz inevitavelmente uma oposição daqueles que são afetados por elas, tornou-se claro que os próprios bens, os meios para sua obtenção e as disposições para sua divisão não podem ser o essencial ou o único elemento da cultura. Pois eles são ameaçados pela rebelião e pela tendência destrutiva dos membros dessa cultura. A esses bens, somam-se agora os meios que podem servir para proteger a cultura, os meios de coerção e outros que devem ser capazes de reconciliar os homens com ela e recompensá-los pelos seus sacrifícios. Tais meios, porém, podem ser descritos como o patrimônio psíquico da cultura.

Para que nos expressemos de maneira uniforme, chamemos de *frustração* o fato de um impulso não poder ser satisfeito, de *proibição* a instituição que a estipula e de *privação* o estado produzido pela proibição. O passo seguinte é distinguir entre privações que atingem a todos e aquelas que não atingem a todos, mas apenas grupos, classes ou mesmo indivíduos. As primeiras são as mais antigas: as proibições que as instituíram deram início ao afastamento da cultura em relação ao estado animal primitivo, não sabemos exatamente há quantos milhares de anos. Para nossa surpresa, descobrimos que essas privações ainda estão ativas, que ainda constituem o âmago da hostilidade à cultura. Os desejos impulsionais que se ressentem delas nascem de novo com cada criança; há uma classe de pessoas, os neuróticos, que já reagem a essas frustrações com associabilidade. Esses desejos impulsionais são os do incesto, do canibalismo e do prazer de matar. Soa estranho comparar tais desejos, que todos os homens parecem unânimes em rejeitar, com aqueles outros por cuja permissão ou frustração se luta tão intensamente em nossa cultura, mas psicologicamente estamos autorizados a fazê-lo. E de modo algum a atitude cultural quanto a esses desejos impulsionais mais antigos é a mesma: apenas o canibalismo parece ser malvisto por todos e inteiramente superado do ponto de vista não analítico; ainda conseguimos perceber a força dos desejos incestuosos atrás da proibição, e o assassinato, em determinadas condições, ainda é praticado, até mesmo ordenado, pela nossa cultura. Aguardam-nos, possivelmente, evoluções culturais nas quais outras satisfações de desejo, hoje de todo possíveis, parecerão tão inaceitáveis quanto agora as do canibalismo.

Já nessas mais antigas renúncias aos impulsos entra em consideração um fator psicológico que permanece significativo para todas as renúncias posteriores. Não é correto afirmar que a psique humana não tenha passado por nenhuma evolução desde os tempos mais remotos e, ao contrário dos progressos da ciência e da técnica, ainda hoje seja a mesma do princípio da história. Podemos indicar aqui um desses progressos psíquicos. Faz parte do curso de nosso desenvolvimento que a coerção externa seja gradativamente interiorizada na medida em que uma instância psíquica especial, o supereu do homem, a inclui entre seus mandamentos. Cada criança nos mostra o processo de semelhante transformação, e apenas através dela se torna moral e social. Esse fortalecimento do supereu é um patrimônio psicológico da cultura altamente valioso. As pessoas nas quais ele se completou deixam de ser adversárias da cultura para se tornar suas defensoras. Quanto maior o seu número em um círculo cultural, tanto mais protegida estará essa cultura, tanto mais ela pode prescindir de meios externos de coerção. Só que a medida dessa interiorização é muito diversa para cada uma das proibições dos impulsos. Para as mais antigas exigências culturais mencionadas, a interiorização, se deixarmos de lado a exceção indesejada dos neuróticos, parece ter sido amplamente alcançada. Essa proporção se modifica quando nos voltamos para as demais exigências dos impulsos. Percebe-se então, com surpresa e receio, que a maioria dos homens obedece às respectivas proibições culturais apenas quando pressionada pela coerção externa, ou seja, apenas ali onde esta pode se fazer valer e enquanto pode ser temida. Isso também é verdadeiro para as chamadas exigências morais da cultura que se dirigem a todos de igual maneira. A maior parte daquilo que se experimenta em relação à falta de seriedade moral das pessoas entra aqui. Um número imenso de homens aculturados, que recuaria horrorizado diante do assassinato ou do incesto, não se priva de satisfazer sua cobiça, seu gosto de agredir e seus apetites sexuais; não deixa de prejudicar os outros por meio da mentira, da fraude e da calúnia caso possa permanecer impune ao fazê-lo; e é possível que tenha sido sempre assim há muitas eras da cultura.

Quanto às limitações que se aplicam apenas a classes determinadas da sociedade, nos deparamos com condições graves e também jamais ignoradas. É de se esperar que essas classes desfavorecidas invejem as vantagens das privilegiadas e façam de tudo para se livrar de seu próprio acréscimo de privações. Quando isso não for possível, uma medida constante de descontentamento se imporá dentro dessa cultura, o que pode levar a rebeliões perigosas. Se, porém, uma cultura não conseguiu ir além do ponto de que a satisfação de certo número de seus membros tenha como pressuposto a opressão de outros, talvez a maioria – e esse é o caso de todas as culturas atuais –, é compreensível que esses oprimidos desenvolvam uma hostilidade intensa contra a cultura que possibilitam por meio de seu trabalho, mas de cujos bens lhes cabe uma cota muito pequena. Não se deve, pois, esperar uma interiorização das proibições culturais entre os oprimidos; pelo contrário, eles não estão dispostos a reconhecer essas proibições, antes estão empenhados em destruir a própria cultura e, eventualmente, até em abolir seus pressupostos. A hostilidade dessas classes à cultura é tão manifesta que, por sua causa, não se prestou atenção à hostilidade mais latente das camadas da sociedade com maior participação. Não é preciso dizer que uma cultura que deixa insatisfeito um número tão grande de membros e os incita à rebelião não tem perspectivas de se conservar perpetuamente, nem o merece.

A medida de interiorização dos preceitos culturais – dito de maneira popular e não psicológica: o nível moral dos membros – não é o único bem psíquico a ser levado em conta ao se apreciar uma cultura. Há, além disso, seu patrimônio de ideais e de criações artísticas, ou seja, as satisfações que são obtidas a partir de ambos.

É com muita facilidade que se tenderá a incluir os ideais de uma cultura, ou seja, as avaliações que indicam quais são as realizações mais altas e mais dignas de serem ambicionadas, entre suas posses psíquicas. De início, parece que esses ideais determinariam as realizações do círculo cultural; o processo real, porém, poderia ser o de que os ideais se formam depois das primeiras realizações possibilitadas pela cooperação de aptidões interiores e condições exteriores de uma cultura, e que essas primeiras realizações sejam então conservadas pelos ideais para serem continuadas. A satisfação que os ideais oferecem aos membros da cultura é, portanto, de natureza narcísica; ela repousa sobre o orgulho da realização que já foi bem-sucedida. Para que seja completa, essa satisfação precisa ser comparada com outras culturas que se lançaram a realizações diferentes e desenvolveram outros ideais. Devido a tais diferenças, cada cultura se atribui o direito de menosprezar a outra. Desse modo, os ideais culturais se transformam em ocasião para discórdia e desavença entre diferentes círculos culturais, tal como se torna bastante claro entre nações.

A satisfação narcísica obtida do ideal cultural também está entre aquelas potências que se opõem com êxito à hostilidade dirigida à cultura dentro do círculo cultural. Não apenas as classes privilegiadas, que gozam os benefícios dessa cultura, mas também os oprimidos podem tomar parte nessa satisfação, na medida em que a autorização para desprezar aqueles que estão fora os recompensa pelo prejuízo em seu próprio círculo. Alguém pode ter sido, sem dúvida, um plebeu miserável, atormentado por dívidas e pelo serviço militar, mas, em compensação, era romano, tinha sua parcela na tarefa de dominar outras nações e prescrever suas leis. Porém, essa identificação dos oprimidos com a classe que os domina e explora é apenas uma parte de um contexto maior. Aqueles, além disso, podem estar ligados afetivamente a esta e, apesar da hostilidade, ver seus ideais nos seus senhores. Se não existissem tais relações, no fundo satisfatórias, seria incompreensível que tantas culturas tivessem se conservado por tanto tempo, apesar da justificada hostilidade de grandes massas humanas.

De um gênero diferente é a satisfação proporcionada pela arte aos membros de um círculo cultural, embora, em regra, ela permaneça inacessível às massas, que são ocupadas pelo trabalho extenuante e que não gozaram de qualquer educação pessoal. Conforme aprendemos há tempo, a arte oferece satisfações substitutivas para as mais antigas renúncias culturais, ainda sentidas da forma mais aguda, e tem, por isso, um incomparável efeito de reconciliar com os sacrifícios oferecidos a essas renúncias. Por outro lado, suas criações intensificam os sentimentos de identificação, tão necessitados por todos os círculos culturais, por meio do ensejo a sensações vividas em comum, altamente valorizadas; porém, elas também servem à satisfação narcísica quando representam as realizações de uma cultura em especial, quando, de maneira impressiva, fazem lembrar seus ideais.

Aquela que talvez seja a parcela mais significativa do inventário psíquico de uma cultura ainda não foi mencionada. Trata-se de suas ideias religiosas, no mais amplo sentido; em outras palavras, a serem justificadas posteriormente, de suas ilusões.

III

Em que reside o valor especial das ideias religiosas?

Falamos da hostilidade à cultura gerada pela pressão que esta exerce, pelas renúncias aos impulsos que exige. Caso imaginemos suas proibições abolidas, alguém pode, então, escolher para objeto sexual qualquer mulher que lhe agrade; pode matar seu rival na disputa por mulheres, ou quem mais estiver em seu caminho, sem o menor escrúpulo; pode, também, tomar qualquer bem do outro sem lhe pedir permissão – que maravilha, que cadeia de satisfações não seria então a vida! Na verdade, logo surge a primeira dificuldade. Qualquer outro tem exatamente os mesmos desejos que eu, e não me tratará com mais consideração do que eu o trato. Dessa forma, apenas um indivíduo, no fundo, poderia se tornar irrestritamente feliz através de tal abolição das restrições culturais: um tirano, um ditador que tivesse se apossado de todos os meios de poder, e mesmo ele teria todas as razões para desejar que os outros respeitassem pelo menos um dos mandamentos da cultura: "Não matarás".

Porém, como é ingrato, como é míope, sobretudo, aspirar a uma abolição da cultura! O que então resta é o estado de natureza, e esse é muito mais difícil de suportar. É verdade que a natureza não exige de nós quaisquer restrições dos impulsos; ela nos deixa fazer o que quisermos, mas tem a sua maneira especialmente eficiente de nos restringir; ela nos mata de modo frio, cruel e sem consideração, segundo nos parece, e, talvez, justamente nas ocasiões de nossa satisfação. Precisamente em razão desses perigos com que a natureza nos ameaça foi que nos unimos e criamos a cultura, que, entre outras coisas, também deve possibilitar a nossa convivência. Afinal, a tarefa capital da cultura, sua verdadeira razão de ser, é nos defender contra a natureza.

É sabido que em muitos pontos ela já consegue fazê-lo agora razoavelmente bem, e, ao que parece, o fará muito melhor no futuro. Mas ninguém se entrega à ilusão de acreditar que a natureza já está dominada agora, e poucos ousam esperar que algum dia ela esteja inteiramente submetida ao homem. Aí estão os elementos, que parecem zombar de toda coerção humana; a terra, que treme, se fende e soterra tudo o que é humano e obra do homem; a água, que, em rebelião, inunda e afoga tudo; a tempestade, que sopra tudo para longe; aí estão as doenças, que apenas há pouco tempo reconhecemos como sendo ataques de outros seres vivos; por fim, o doloroso enigma da morte, para o qual até agora não se descobriu nenhum remédio e provavelmente nunca se descubra. Com tais forças, a natureza se subleva contra nós, imponente, cruel e implacável, colocando-nos outra vez diante dos olhos a nossa fraqueza e o nosso desamparo, de que pensávamos ter escapado graças ao trabalho da cultura. Uma das poucas impressões agradáveis e edificantes que se pode ter da humanidade nos é dada quando, diante de uma catástrofe natural, ela esquece as dissensões da cultura, todas as dificuldades e hostilidades internas, e se recorda da grande tarefa comum de sua conservação diante da prepotência da natureza.

Tal como para a humanidade em seu todo, também para o indivíduo a vida é difícil de suportar. Uma cota de privações lhe é imposta pela cultura de que faz parte; outra porção de sofrimento lhe é causada pelas demais pessoas, seja a despeito dos preceitos da cultura, seja em consequência das imperfeições dela. Acrescentam-se a isso os danos que a natureza indomada – ele a chama de "destino" – lhe provoca. As consequências dessa situação teriam de ser um estado de expectativa constante e angustiada e uma ofensa severa do narcisismo natural. Já sabemos como o indivíduo reage aos danos que lhe são causados pela cultura e pelos outros: desenvolve uma medida correspondente de resistência contra as instituições dessa cultura, de hostilidade a ela. Mas de que maneira ele se defende da prepotência da natureza, do destino, que o ameaça como a todos os outros?

A cultura o dispensa dessa tarefa, cuidando dela para todos de igual maneira; quanto a isso, também é notável que quase todas as culturas façam a mesma coisa. E ela não se detém na execução da sua tarefa de defender os homens da natureza, mas trata de continuá-la por outros meios. A tarefa, aí, é múltipla: a autoconfiança gravemente ameaçada do homem exige consolo; o mundo e a vida devem ser despojados de seus pavores; e, ao mesmo tempo, a curiosidade humana, sem dúvida impulsionada pelos mais poderosos interesses práticos, também quer uma resposta.

Já se conseguiu muito com o primeiro passo. E esse consiste em humanizar a natureza. Forças e destinos impessoais são inacessíveis, permanecem eternamente estranhos. Porém, se nos elementos se agitam paixões tal como na própria alma; se mesmo a morte não é algo espontâneo, mas o ato de violência de uma vontade maléfica; se, na natureza, o homem está cercado em toda parte por entes iguais àqueles que conhece em sua própria sociedade, então ele respira aliviado, sente-se em casa em meio a coisas inquietantes e pode elaborar psiquicamente a sua angústia sem sentido. Talvez ele ainda esteja indefeso, mas não está mais desamparadamente paralisado; pode ao menos reagir, e talvez não esteja nem mesmo indefeso, pois pode servir-se contra esses violentos super-homens de fora dos mesmos expedientes de que se serve em sua sociedade: pode tentar lhes fazer súplicas, apaziguá-los, suborná-los, roubar-lhes uma parte de seu poder através de tal influência. Essa substituição de uma ciência da natureza pela psicologia não apenas proporciona alívio imediato, mas também mostra o caminho para um domínio mais amplo da situação.

Pois essa situação não é nova; ela tem um modelo infantil, e é, na verdade, apenas a continuação de uma situação antiga, pois uma vez o homem já se encontrou em tal desamparo: quando criança pequena diante de seus pais, que tinha razão para temer – sobretudo o pai –, mas de cuja proteção contra os perigos que então conhecia também estava seguro. É natural, assim, comparar as duas situações. E, tal como na vida onírica, o desejo também não sai prejudicado. Um pressentimento de morte acomete aquele que dorme, quer levá-lo ao túmulo, mas o trabalho do sonho sabe escolher as condições em que mesmo esse acontecimento temido se transforma na realização de um desejo; aquele que sonha se vê num antigo túmulo etrusco, no qual entrou, feliz por satisfazer seus interesses arqueológicos. De modo semelhante, o homem não transforma as forças da natureza simplesmente em seres humanos com os quais pode se relacionar como faz com seus iguais – algo que também não faria justiça à impressão avassaladora que tem delas –, mas lhes confere um caráter paterno, transforma-as em deuses, seguindo nisso não apenas um modelo infantil, mas também, segundo já tentei mostrar certa vez, um modelo filogenético.

Com o tempo, são feitas as primeiras observações de regularidades e de leis nos fenômenos naturais, e, com isso, as forças da natureza perdem seus traços humanos. Mas o desamparo dos homens permanece, e, com ele, os deuses e o anseio pelo pai. Os deuses conservam a sua tripla tarefa: afastar os pavores da natureza, reconciliar os homens com a crueldade do destino, em especial como ele se mostra na morte, e recompensá-los pelos sofrimentos e privações que a convivência na cultura lhes impõe.

Gradativamente, porém, desloca-se a ênfase entre essas tarefas. Percebe-se que os fenômenos naturais se desenrolam por si mesmos segundo necessidades internas; os deuses, sem dúvida, são os senhores da natureza: dispuseram-na dessa maneira e agora podem deixá-la entregue a si mesma. Apenas ocasionalmente, com os chamados milagres, interferem em seu curso, como que para assegurar que não renunciaram em nada à sua esfera original de poder. No que se refere à distribuição dos destinos, fica a suspeita incômoda de que a desorientação e o desamparo do gênero humano não podem ser remediados. É sobretudo aqui que os deuses fracassam; se eles próprios fazem o destino, então é preciso chamar suas determinações de inescrutáveis; ao mais dotado povo da Antiguidade ocorreu que a *moira*[2] está acima dos deuses e que mesmo eles têm seu destino. E quanto mais a natureza se torna independente, quanto mais os deuses dela se retiram, tanto mais seriamente todas as expectativas se concentram na terceira tarefa que lhes é atribuída, tanto mais o âmbito moral se transforma em seu verdadeiro domínio. A partir de então, torna-se tarefa divina compensar as falhas e os danos da cultura, atentar para os sofrimentos que os homens se infligem mutuamente na vida em comum e vigiar o cumprimento dos preceitos culturais que eles obedecem tão mal. A esses próprios preceitos será atribuída origem divina, serão elevados acima da sociedade humana e estendidos à natureza e aos acontecimentos do mundo.

Cria-se assim um patrimônio de ideias, nascido da necessidade de tornar suportável o desamparo humano e construído com o material

---

2. Fatalidade, destino. (N.T.)

de lembranças relativas ao desamparo da própria infância e da infância do gênero humano. É claramente reconhecível que esse patrimônio protege os homens em dois sentidos: dos perigos da natureza e do destino, e dos danos causados pela própria sociedade humana. Exposto coerentemente, esse patrimônio diz: a vida neste mundo serve a um fim mais elevado, que, é verdade, não é fácil de adivinhar, mas que certamente significa um aperfeiçoamento do ser humano. É provável que o aspecto espiritual do homem, a alma, que no decorrer das épocas se separou tão lenta e relutantemente do corpo, deva ser o objeto dessa elevação e ascensão. Tudo o que acontece neste mundo é a realização dos propósitos de uma inteligência superior que, mesmo por caminhos e descaminhos difíceis de entender, acaba por guiar tudo para o bem, ou seja, para a nossa satisfação. Acima de cada um de nós vela uma Providência bondosa, apenas aparentemente severa, que não permite que nos tornemos o joguete de forças naturais poderosas e implacáveis; a própria morte não é uma aniquilação, um retorno ao inanimado inorgânico, mas o começo de uma nova espécie de existência situada no caminho do desenvolvimento rumo a algo superior. E, voltadas no outro sentido, as mesmas leis morais que instituíram nossas culturas também dominam todos os acontecimentos do mundo, só que são guardadas por uma instância julgadora suprema incomparavelmente mais poderosa e consequente. Todo o bem acaba por receber sua recompensa, todo o mal, sua punição – se isso não acontece já nesta forma da vida, acontecerá nas existências posteriores que começam após a morte. Desse modo, todos os pavores, sofrimentos e rigores da vida estão destinados à extinção; a vida após a morte, que continua nossa vida terrena assim como a parte invisível do espectro se une à visível, traz toda a completude de que talvez tenhamos sentido falta aqui. E a sabedoria superior que dirige esse curso, a infinita bondade que nele se expressa, a justiça que nele é levada a cabo – tais são as qualidades dos seres divinos que também nos criaram e criaram a totalidade do mundo. Ou antes, do único ser divino no qual, em nossa cultura, se condensaram todos os deuses das épocas passadas. O primeiro povo a obter essa concentração de qualidades divinas não ficou pouco orgulhoso desse avanço. Ele deixou à mostra o núcleo paterno que desde sempre estava oculto por trás de cada figura divina; no fundo, foi um retorno aos inícios históricos da noção de Deus. Agora que Deus era um só, as relações com ele puderam recobrar a efusão e a intensidade da relação infantil com o pai. Contudo, quando se fez tanto pelo pai, também se queria ser recompensado: ser, pelo menos, o único filho amado, o povo eleito. Muito mais tarde, os piedosos Estados Unidos pretendem ser *God's own country*[3], e, quanto a uma das formas dos homens venerarem a divindade, isso também é acertado.

As ideias religiosas que acabamos de resumir passaram obviamente por uma longa evolução; elas foram conservadas por culturas diversas em fases diversas. Escolhi apenas uma dessas fases de desenvolvimento, que corresponde aproximadamente à forma final em nossa cultura branca e cristã de hoje. É fácil de perceber que nem todas as partes desse todo se encaixam igualmente bem entre si, que nem todas as questões prementes são respondidas, que a discordância da experiência cotidiana apenas com esforço pode ser rechaçada. Porém, tais como são, essas ideias – as religiosas, no mais amplo sentido –

3. O próprio país de Deus. (N.T.)

são valorizadas como a posse mais preciosa da cultura, como o que de mais valioso ela tem a oferecer aos seus membros – muito mais estimadas do que todas as artes de extrair da Terra seus tesouros, prover a humanidade com alimentos ou prevenir doenças etc. Os homens acreditam não poder suportar a vida se não atribuírem a essas ideias o valor a elas reivindicado. As questões, agora, são: o que são essas ideias à luz da psicologia? Donde recebem a sua alta consideração? E, prosseguindo timidamente, qual é o seu valor real?

IV

Uma investigação que avança imperturbada como um monólogo não é inteiramente inofensiva. Cede-se com muita facilidade à tentação de afastar pensamentos que querem interrompê-la e, em troca, fica-se com um sentimento de insegurança que, no fim, se quer emudecer por meio de uma firmeza excessiva. Imagino, portanto, um adversário que acompanha minhas explicações com desconfiança, e lhe cedo a palavra regularmente.

Ouço-o dizer: "O senhor empregou repetidamente expressões como 'a cultura cria essas ideias religiosas' e 'a cultura as coloca à disposição de seus membros', o que soa um tanto estranho; eu mesmo não saberia dizer a razão, mas não soa tão natural quanto afirmar que a cultura criou prescrições sobre a divisão dos produtos do trabalho ou sobre os direitos quanto a mulheres e filhos".

Penso, porém, que é legítimo usar tais expressões. Procurei mostrar que as ideias religiosas resultaram da mesma necessidade que todas as demais conquistas da cultura, da necessidade de se defender da prepotência opressora da natureza. Somou-se a isso um segundo motivo, o ímpeto de corrigir as imperfeições da cultura, sentidas como algo penoso. Também é especialmente acertado afirmar que a cultura presenteia o indivíduo com tais ideias, pois ele as encontra, elas lhe são entregues acabadas e ele não seria capaz de achá-las sozinho. Ele toma posse da herança de muitas gerações, da qual se apropria como da tabuada, da geometria etc. Há, todavia, uma diferença, mas esta se encontra em outro ponto e por enquanto ainda não pode ser esclarecida. O sentimento de estranheza que o senhor menciona pode estar relacionado com o fato de que costumam nos apresentar esse patrimônio de ideias religiosas como sendo uma revelação divina. Só que essa mesma revelação já é uma parte do sistema religioso e negligencia inteiramente o conhecido desenvolvimento histórico dessas ideias, bem como suas diferenças em diferentes épocas e culturas.

"Há um outro ponto que me parece mais importante. O senhor faz a humanização da natureza resultar da necessidade de acabar com a desorientação e o desamparo humanos frente às suas temidas forças, de se relacionar com elas e, por fim, de influenciá-las. Semelhante motivo, porém, parece supérfluo. O homem primitivo não tem mesmo qualquer escolha, não pode pensar de outro modo. É-lhe natural, como algo inato, projetar o seu ser no mundo, considerar todos os processos que observa como expressões de seres que, no fundo, são idênticos a ele. É o seu único método de compreensão. E de modo algum é evidente, mas antes uma notável coincidência, que ele tivesse de ser bem-sucedido em satisfazer uma de suas maiores necessidades ao se deixar levar de tal maneira por suas disposições naturais."

Não acho isso tão estranho. O senhor acredita, então, que o pensamento humano não conhece motivos práticos, que é apenas a expressão de uma curiosidade desinteressada? Ora, isso é deveras improvável. Acredito, pelo contrário, que o homem, mesmo quando personifica as forças da natureza, segue um modelo infantil. Ele aprendeu com as pessoas de seu primeiro ambiente que estabelecer uma relação com elas é o caminho para influenciá-las, e por isso, com a mesma intenção, trata posteriormente tudo o mais que encontra tal como tratou essas pessoas. Não contradigo, portanto, sua observação descritiva de que é realmente natural para o homem personificar tudo o que quer compreender com o fim de posteriormente dominá-lo – a dominação psíquica como preparação para a dominação física –, mas eu acrescento o motivo e a gênese dessa particularidade do pensamento humano.

"E agora ainda um terceiro ponto. O senhor já se ocupou da origem da religião em outro momento, no livro *Totem e tabu*. Nele, porém, as coisas têm outro aspecto. Tudo é a relação pai-filho, Deus é o pai elevado, o anseio pelo pai é a raiz da necessidade religiosa. Desde então, parece que o senhor descobriu o fator da impotência e do desamparo humanos, ao qual geralmente se atribui o papel principal na formação das religiões, e agora o senhor transcreve em desamparo tudo aquilo que antes era complexo paterno. Posso lhe pedir esclarecimentos acerca dessa mudança?"

Com prazer; eu só estava esperando pelo convite. Se é que se trata realmente de uma mudança. Em *Totem e tabu*, eu não quis explicar a origem das religiões, mas apenas do totemismo. O senhor conseguiria explicar, a partir de qualquer um dos pontos de vista que conhece, que a primeira forma em que a divindade protetora se revelou ao homem foi a animal, que existia uma proibição de matar esse animal e comê-lo, e, no entanto, também o costume solene de matá-lo e comê-lo coletivamente uma vez por ano? É precisamente isso que ocorre no totemismo. E dificilmente seria oportuno disputar se o totemismo deve ou não ser chamado de religião. Ele possui relações estreitas com as posteriores religiões de deuses; os animais totêmicos se transformam nos animais sagrados dos deuses. E as primeiras, porém mais profundas restrições morais – as proibições do assassinato e do incesto –, surgem no solo do totemismo. Aceitando ou não as conclusões de *Totem e tabu*, espero que o senhor conceda que o livro reúne em um todo consistente alguns fatos bastante notáveis e dispersos.

Por que o deus animal não bastou por mais tempo e foi substituído pelo humano é algo que mal foi tocado em *Totem e tabu*, e outros problemas da formação das religiões absolutamente não são mencionados. O senhor julga que essa restrição é o mesmo que uma negação? Meu trabalho é um bom exemplo de isolamento rigoroso da parte que a observação psicanalítica pode fazer para solucionar o problema religioso. Se agora tento acrescentar aquilo que falta, aquilo que não está tão profundamente escondido, o senhor não deve me acusar de ser contraditório como antes me acusou de ser unilateral. Obviamente, é minha tarefa indicar os caminhos de ligação entre o que foi dito antes e o que foi apresentado agora, entre as motivações mais profundas e as manifestas, entre o complexo paterno e o desamparo e a necessidade de proteção do homem.

Não é difícil encontrar essas ligações. Elas consistem nas relações entre o desamparo da criança e o desamparo do adulto, que é continuação daquele, de modo que, como seria de se esperar, a motivação psicanalítica para a formação da religião se transforma na contribuição infantil à motivação manifesta dessa formação. Vamos nos colocar na vida psíquica da criança pequena. O senhor se recorda da escolha de objeto designada pela análise como escolha por apoio? A libido segue os caminhos das necessidades narcísicas e se fixa nos objetos que garantem sua satisfação. Desse modo, a mãe que satisfaz a fome se transforma no primeiro objeto de amor, e, certamente, também na primeira proteção contra todos os perigos indeterminados e ameaçadores do mundo exterior – na primeira proteção contra o medo, podemos dizer.

Nessa função, a mãe logo será substituída pelo pai, mais forte, que a conserva ao longo de toda a infância. A relação com o pai, porém, é acometida por uma ambivalência peculiar. Ele próprio era um perigo, talvez desde o tempo de sua relação com a mãe. Assim, ele não é menos temido quando se anseia por ele e o admira. Os sinais dessa ambivalência na relação com o pai estão profundamente gravados em todas as religiões, segundo também foi explicado em *Totem e tabu*. Quando então o adolescente percebe que está destinado a ser sempre uma criança, que jamais poderá prescindir de proteção contra poderes desconhecidos, empresta-lhes os traços da figura paterna, cria os deuses, dos quais tem medo, que procura agradar, e aos quais, no entanto, confia a sua proteção. Assim, o motivo do anseio pelo pai é idêntico à necessidade de proteção contra as consequências da impotência humana; a defesa contra o desamparo infantil empresta seus traços característicos à reação contra o desamparo que o adulto é forçado a reconhecer, reação que é precisamente a formação da religião. Contudo, não é nossa intenção prosseguir investigando o desenvolvimento da noção de Deus; temos de tratar aqui do patrimônio acabado das ideias religiosas tal como a cultura o transmite ao indivíduo.

V

Retomemos o fio da investigação: qual é, pois, o significado psicológico das ideias religiosas? Como podemos classificá-las? Não é fácil, de modo algum, responder a essa questão imediatamente. Depois de rejeitar diversas formulações, nos deteremos nesta: as ideias religiosas são proposições, são enunciados acerca de fatos e circunstâncias da realidade externa (ou interna) que comunicam algo que o indivíduo não encontrou por conta própria, e que reivindicam que se creia nelas. Visto que informam sobre aquilo que mais nos importa e mais nos interessa na vida, elas gozam de alta consideração. Quem delas nada sabe é deveras ignorante; quem as incorporou aos seus conhecimentos pode se considerar muito enriquecido.

Obviamente, há muitas dessas proposições sobre as coisas mais variadas deste mundo. Cada lição escolar está cheia delas. Tomemos a de geografia. Lá ouviremos que Constança se localiza junto ao lago de mesmo nome. Uma canção de estudantes acrescenta: "E quem não crer, que vá lá ver". Estive lá, casualmente, e posso confirmar que a bela cidade se encontra às margens de um vasto lago que todos os habitantes dos arredores chamam de Lago de Constança. Agora estou plenamente convencido da veracidade dessa afirmação geográfica. Isso me faz lembrar de uma outra experiência, bastante notável. Eu já era um homem maduro quando pisei pela primeira vez a colina da acrópole de Atenas, em meio às ruínas do templo e com vista para o mar azul. À minha felicidade se misturava um sentimento de espanto, que me sugeriu a seguinte interpretação: "Então é realmente como aprendemos na escola! Como deve ter sido débil e superficial a crença que adquiri na verdade real do que foi ouvido naquele tempo se hoje posso ficar tão espantado!" Mas não quero dar ênfase excessiva à significação dessa experiência; há ainda uma outra explicação possível para o meu espanto, que não me ocorreu na ocasião, cuja natureza é inteiramente subjetiva e está ligada à singularidade do lugar.

Todas essas proposições, portanto, reivindicam a crença em seus conteúdos, mas não sem fundamentar sua pretensão. Elas se apresentam como o resultado abreviado de um longo processo de pensamento baseado na observação e, certamente, também na dedução; e a quem tiver o intuito de refazer esse processo por conta própria, em vez de aceitar seu resultado, elas mostram o caminho. Quando a proposição não é evidente como no caso de afirmações geográficas, sempre se acrescenta também a proveniência do conhecimento que ela anuncia. Por exemplo, o conhecimento de que a Terra tem a forma de uma esfera; como provas disso, são aduzidos o experimento de Foucault com o pêndulo, o comportamento do horizonte e a possibilidade de circum-navegá-la. Visto que é impraticável, conforme reconhecem todos os interessados, enviar todos os escolares em viagens de circum-navegação, a escola se contenta em deixar que seus ensinamentos sejam aceitos de "boa-fé", sabendo, porém, que o caminho para a convicção pessoal permanece aberto.

Tentemos medir as proposições religiosas com o mesmo critério. Quando perguntamos sobre o fundamento da pretensão de que se acredite nelas, recebemos três respostas que se harmonizam notavelmente mal entre si. Em primeiro lugar, merecem crédito porque nossos ancestrais já acreditavam nelas; em segundo lugar, possuímos provas que nos foram transmitidas precisamente dessa época antiga, e, em terceiro lugar, é absolutamente proibido questionar essa comprovação. No passado, esse atrevimento era punido com os mais severos castigos, e ainda hoje a sociedade vê com desagrado que alguém o renove.

Esse terceiro ponto precisa despertar as nossas mais fortes reservas. A única motivação de semelhante proibição só pode ser o fato de que a sociedade conhece muito bem o caráter duvidoso da pretensão que reclama para suas doutrinas religiosas. Caso contrário, ela certamente colocaria o material necessário, com a maior boa vontade, à disposição de todo aquele que busca formar a sua própria convicção. Por isso, passamos ao exame dos dois outros argumentos com uma desconfiança difícil de apaziguar. Devemos acreditar porque nossos ancestrais acreditaram. Esses nossos antepassados, porém, eram muito mais ignorantes do que nós; eles acreditavam em coisas que hoje nos são impossíveis de aceitar. Manifesta-se a possibilidade de que as doutrinas religiosas também possam ser desse tipo. As provas que nos deixaram estão registradas em escritos que trazem, eles próprios, todos os sinais de serem indignos de confiança. São contraditórios, retocados e falsificados; quando relatam comprovações efetivas, eles próprios carecem de comprovação. Não ajuda muito afirmar que suas formulações, ou apenas seus conteúdos, têm origem na revelação divina, pois essa afirmação mesma já é uma parte daquelas doutrinas cuja credibilidade deve ser investigada, e nenhuma proposição pode provar a si mesma.

Chegamos assim ao estranho resultado de que precisamente as comunicações de nosso patrimônio cultural que poderiam ter para nós o maior dos significados, às quais cabe a tarefa de nos esclarecer os enigmas do mundo e nos reconciliar com os sofrimentos da vida – de que precisamente elas possuem a mais fraca comprovação. Não poderíamos nos decidir a aceitar um fato para nós tão indiferente quanto o de que as baleias parem seus filhotes em vez de colocar ovos se ele não fosse melhor demonstrável.

Esse estado de coisas é por si só um problema psicológico bastante notável. E que ninguém acredite que as observacões anteriores acerca da indemonstrabilidade das doutrinas religiosas contenham algo novo. Ela foi percebida em todas as épocas, e certamente também pelos antepassados que legaram tal herança. É possível que muitos deles tenham nutrido as mesmas dúvidas que nós, porém se encontravam sob uma pressão forte demais para que ousassem expressá-las. E, desde então, um número incontável de homens se atormentou com as mesmas dúvidas, que queriam sufocar porque se julgavam obrigados a crer; muitos intelectos brilhantes sucumbiram a esse conflito; muitos caracteres sofreram danos em razão dos compromissos em que buscavam uma saída.

Se todas as provas apresentadas em favor da credibilidade das proposições religiosas provêm do passado, é natural verificar se o presente, que pode ser julgado com mais acerto, também pode oferecer tais provas. Se, dessa forma, se conseguisse colocar a salvo de dúvidas mesmo que apenas uma única parte do sistema religioso, o todo ganharia extraordinariamente em credibilidade. É aqui que entra a atividade dos espíritas, que estão persuadidos da continuidade da alma individual e que pretendem nos demonstrar que essa proposição da doutrina religiosa é isenta de dúvidas. Infelizmente, não conseguem refutar o fato de as aparições e manifestações de seus espíritos serem apenas produtos de sua própria atividade psíquica. Eles evocaram os espíritos dos maiores homens, dos mais destacados pensadores, mas todas as manifestações e notícias que deles receberam foram tão tolas, tão inconsolavelmente ocas, que não se pode acreditar em outra coisa senão na capacidade dos espíritos de se adaptarem ao círculo de pessoas que os invoca.

Agora é preciso mencionar duas tentativas que dão a impressão de um empenho obstinado em fugir ao problema. Uma delas, de natureza forçada, é antiga; a outra, sutil e moderna. A primeira é o *credo quia absurdum*[4] do padre da Igreja. Isso significa que as doutrinas religiosas escapam às reivindicações da razão, que estão acima dela. Deve-se perceber a sua verdade interiormente, não é preciso compreendê-las. Só que esse *credo* é interessante apenas como confissão; como imperativo, não possui qualquer obrigatoriedade. Sou obrigado a acreditar em qualquer absurdo? Em caso negativo, por que justamente nesse? Não há instância alguma acima da razão. Se a verdade das doutrinas religiosas depende de uma vivência interior que a ateste, o que fazer com as muitas pessoas que não têm

4. "Creio porque é absurdo." Famosa expressão atribuída a Tertuliano (c.150-c.220), teólogo romano. (N.T.)

semelhante vivência rara? Pode-se exigir de todos os homens que empreguem o dom da razão que possuem, mas não se pode erigir uma obrigação que seja válida para todos sobre um motivo que existe apenas para bem poucos. Se alguém obteve a convicção inabalável na verdade real das doutrinas religiosas graças a um estado extático que o impressionou profundamente, que importa isso ao outro?

A segunda tentativa é a da filosofia do "como se". Ela afirma que em nossa atividade intelectual abundam suposições cuja falta de fundamento, cujo absurdo até, reconhecemos inteiramente. São chamadas de ficções, mas, por variados motivos práticos, teríamos de nos comportar "como se" acreditássemos nelas. Tal seria o caso das doutrinas religiosas em razão de sua incomparável importância para a conservação da sociedade humana.[5] Essa argumentação

5. Espero não cometer nenhuma injustiça se atribuo ao filósofo do "como se" uma perspectiva que também não é alheia a outros pensadores. Cf. Hans Vaihinger (*A filosofia do como se*, 8.ed., 1922, p. 68): "Incluímos no âmbito das ficções não apenas operações teóricas, indiferentes, mas também formações conceituais que foram imaginadas pelos homens mais nobres, às quais o coração da parte mais nobre da humanidade está afeito e que esta não se deixa arrebatar. E de modo algum queremos fazer isso – como *ficção prática*, deixamos que tudo isso subsista, mas como *verdade teórica*, perece."

não está muito longe do *credo quia absurdum*. Penso, porém, que a reivindicação do "como se" é de um tipo que só filósofos podem fazer. O homem que não seja influenciado em seu pensamento pelas artes da filosofia nunca poderá aceitá-la; para ele, a questão está liquidada com a confissão de absurdo, de irracionalidade. Ele não pode ser obrigado, precisamente ao tratar de seus interesses mais importantes, a renunciar às certezas que costuma exigir em todas as suas atividades habituais. Recordo-me de um de meus filhos, que se destacou precocemente por uma insistência especial na objetividade. Quando se contava uma história às crianças, que a escutavam atentamente, ele vinha e perguntava: "Essa história é verdadeira?". Depois que se respondia que não, ele se afastava com uma cara de desdém. É de se esperar que a humanidade logo passe a se comportar da mesma maneira em relação aos contos da carochinha religiosos, a despeito da intercessão do "como se".

Atualmente, porém, ela ainda se comporta de modo bem diferente, e, em épocas passadas, apesar de sua indiscutível carência de comprovação, as ideias religiosas exerceram sobre ela a mais forte influência. Esse é um novo problema psicológico. Deve-se perguntar: em que consiste a força interna dessas doutrinas, a que circunstâncias devem sua eficácia, que é independente de reconhecimento racional?

VI

Acho que preparamos suficientemente a resposta a ambas as perguntas. Ela se apresenta quando atentamos para a gênese psíquica das ideias religiosas. Estas, que se apresentam como proposições, não são produto da experiência ou resultados finais do pensamento; são ilusões, são realizações dos desejos mais antigos, mais fortes e mais prementes da humanidade, e o segredo de sua força está na força desses desejos. Já sabemos que a apavorante impressão do desamparo infantil despertou a necessidade de proteção – proteção através do amor –, que é satisfeita pelo pai; a percepção da continuidade desse desamparo ao longo de toda a vida foi a causa de o homem se aferrar à existência de um outro pai – só que agora mais poderoso. Através da ação bondosa da Providência divina, o medo dos perigos da vida é atenuado; a instituição de uma ordem moral universal assegura o cumprimento da exigência de justiça que com tanta frequência deixou de ser cumprida na cultura humana; o prolongamento da existência terrena através de uma vida futura prepara o quadro espacial e temporal em que essas realizações de desejo devem se consumar. As respostas de questões enigmáticas para a curiosidade humana, como as da origem do mundo e da relação entre o físico e o psíquico, são elaboradas sob os pressupostos desse sistema; para a psique individual, significa um imenso alívio que os conflitos da infância que se originam do complexo paterno, nunca inteiramente superados, lhe sejam tomados e levados a uma solução aceita por todos.

Quando digo que tudo isso são ilusões, preciso delimitar o significado da palavra. Uma ilusão não é o mesmo que um erro, e ela também não é necessariamente um erro. A opinião de Aristóteles de que os insetos se desenvolvem a partir de restos, sustentada ainda hoje pelo povo ignorante, era um erro, e, do mesmo modo, a opinião de uma geração anterior de médicos de que a *tabes dorsalis*[6] era consequência de excessos sexuais. Seria abusivo chamar esses erros de ilusões. Em contrapartida, foi uma ilusão de

6. A tabes dorsal (em latim no texto alemão) é um problema de coordenação motora provocado por uma alteração degenerativa da medula espinhal, geralmente causada pela sífilis. (N.T.)

Colombo achar que tinha descoberto um novo caminho marítimo para as Índias. A parcela de seu desejo nesse erro é bem evidente. Pode-se chamar de ilusão a afirmação feita por certos nacionalistas de que os indo-germânicos são a única raça humana capaz de cultura, ou a crença, que apenas a psicanálise destruiu, de que a criança é um ser sem sexualidade. É característico da ilusão o fato de derivar de desejos humanos; nesse aspecto, ela se aproxima da ideia delirante psiquiátrica, mas, abstraindo da complicada construção desta, também dela se diferencia. Destacamos como essencial na ideia delirante a contradição com a realidade; a ilusão não precisa ser necessariamente falsa, quer dizer, ser irrealizável ou estar em contradição com a realidade. Uma mocinha plebeia, por exemplo, pode ter a ilusão de que um príncipe virá buscá-la. É algo possível; já aconteceram alguns casos desse tipo. Que o Messias venha e funde uma Idade de Ouro é muito menos provável; conforme a posição pessoal daquele que a julga, ele classificará essa crença como ilusão ou como análoga a uma ideia delirante. Exemplos de ilusões que tenham se mostrado verdadeiras não são fáceis de achar. Porém, a ilusão dos alquimistas de poder transformar todos os metais em ouro poderia ser uma dessas. O desejo de possuir muito ouro, tanto ouro quanto possível, se encontra muito arrefecido por nossa compreensão atual das condições da riqueza, mas a química não julga mais impossível uma transformação dos metais em ouro. Portanto, chamamos uma crença de ilusão quando se destaca em sua motivação o cumprimento de desejo, ao mesmo tempo em que não levamos em conta seu vínculo com a realidade, exatamente do mesmo modo que a própria ilusão renuncia a suas comprovações.

Se, depois de nos orientarmos, nos voltarmos outra vez às doutrinas religiosas, podemos repetir: todas são ilusões, são indemonstráveis, e ninguém pode ser obrigado a tomá-las por verdadeiras, a acreditar nelas. Algumas são tão inverossímeis, se encontram de tal modo em contradição com tudo o que descobrimos arduamente sobre a realidade do mundo, que podem ser comparadas – considerando devidamente as diferenças psicológicas – às ideias delirantes. É impossível julgar o valor de realidade da maior parte delas. Assim como são indemonstráveis, também são irrefutáveis. Ainda sabemos muito pouco para nos aproximarmos delas criticamente. Os enigmas do mundo se desvelam à nossa investigação apenas lentamente; há muitas perguntas que a ciência ainda não pode responder. O trabalho científico, porém, é para nós o único caminho que pode levar ao conhecimento da realidade fora de nós. Por outro lado, é apenas ilusão esperar alguma coisa da intuição e da meditação; elas nada podem nos dar senão informações – difíceis de interpretar – acerca de nossa própria vida psíquica, jamais acerca das perguntas cujas respostas são tão fáceis para as doutrinas religiosas. Introduzir o próprio arbítrio nas lacunas e, conforme opiniões pessoais, declarar esta ou aquela parte do sistema religioso mais ou menos aceitável seria sacrílego. Tais perguntas são importantes demais para tanto; poderíamos dizer: sagradas demais.

Neste ponto, pode-se estar preparado para a seguinte objeção: "Bem, se até os céticos encarniçados admitem que as asserções da religião não podem ser refutadas pelo entendimento, por que não devo acreditar nelas, visto que possuem tanto a seu favor – a tradição, a concordância das pessoas e tudo o que há de consolador em seu conteúdo?". Sim, por que não? Da mesma forma que ninguém pode ser forçado a crer, ninguém pode ser forçado a não crer. Mas que ninguém se compraza no autoengano de que com tais justificativas está seguindo os caminhos do pensamento correto. Se a condenação de "desculpa esfarrapada" cabe em algum lugar, então é aqui. Ignorância é ignorância; dela não deriva nenhum direito de acreditar em algo. Nenhum homem racional se comportará tão levianamente em outros assuntos nem se contentará com fundamentações tão miseráveis para seus juízos, para sua tomada de partido; ele se permite isso apenas em relação às coisas mais elevadas e mais sagradas. Na verdade, são apenas esforços para criar a ilusão, diante de si mesmo ou dos outros, de que ainda se acredita na religião quando há muito já se está desligado dela. Quando se trata de questões de religião, as pessoas se tornam culpadas de todo tipo de insinceridade e maus hábitos intelectuais. Há filósofos que expandem o sentido das palavras até que estas mal conservem algo de seu sentido original; chamam de "Deus" qualquer abstração nebulosa que criaram e então são deístas, crentes em Deus, diante de todo mundo; podem até se vangloriar por terem descoberto um conceito de deus mais puro, mais elevado, embora o seu deus seja apenas uma sombra sem substância e não mais a personalidade poderosa das doutrinas religiosas. Há críticos que insistem em declarar que uma pessoa que reconhece o sentimento da pequenez e da impotência humanas diante do todo do mundo é "profundamente religiosa", embora não seja esse sentimento o que constitua a essência da religiosidade, mas apenas o passo seguinte, a reação a esse sentimento, a busca de auxílio contra ele. Quem não vai adiante, quem se conforma humildemente com o papel insignificante do homem na vastidão do mundo, é antes irreligioso no mais verdadeiro sentido da palavra.

Não está nos planos desta investigação posicionar-se quanto ao valor de verdade das doutrinas religiosas. Basta que as tenhamos reconhecido em sua natureza psicológica como ilusões. Não precisamos ocultar, porém, que essa descoberta também influencia imensamente nossa atitude quanto à questão que para muitos deve parecer a mais importante. Sabemos aproximadamente em que épocas e por quais homens as doutrinas religiosas foram criadas. Se também soubermos os motivos pelos quais isso aconteceu, nosso ponto de vista em relação ao problema religioso sofrerá um sensível deslocamento. Dizemos a nós próprios que seria realmente muito bonito se houvesse um Deus, criador do mundo e Providência bondosa, se houvesse uma ordem moral universal e uma vida no além, mas é muito estranho que tudo isso seja da maneira como temos de desejar que seja. E seria ainda mais esquisito se nossos antepassados, pobres, ignorantes e sem liberdade, tivessem encontrado a solução de todos esses difíceis enigmas do mundo.

VII

Ao reconhecermos as doutrinas religiosas como ilusões, coloca-se de imediato uma outra pergunta, a de saber se outros bens culturais, que respeitamos e que permitimos que controlem nossa vida, não teriam natureza semelhante. Os pressupostos que regulam nossas instituições estatais não teriam de ser chamados igualmente de ilusões? As relações entre os sexos em nossa cultura não seriam turvadas por uma ilusão erótica ou por uma série delas? Uma vez despertada nossa desconfiança, também não recuaremos diante da questão de saber se possui melhores fundamentos a nossa convicção de que podemos descobrir algo da realidade exterior por meio do emprego da observação e do pensamento no trabalho científico. Nada deve nos impedir de aprovar que a observação se volte sobre o nosso próprio ser e que o pensamento seja aplicado em sua própria crítica. Abre-se aqui uma série de investigações, cujo resultado teria de ser decisivo para a construção de uma "visão de mundo". Também pressentimos que semelhante esforço não será em vão e que justificará nossa suspeita ao menos parcialmente. A capacidade do autor, porém, se recusa a uma tarefa tão vasta, e ele se vê forçado a limitar seu trabalho à observação de uma única dessas ilusões, precisamente a religiosa.

Em alta voz, nosso adversário exige que paremos. Somos cobrados pela nossa conduta ilícita. Ele nos diz:

"Interesses arqueológicos são muito louváveis, mas não se fazem escavações se estas minarem as residências dos vivos levando-as a desmoronar e soterrar as pessoas debaixo de seus escombros. As doutrinas religiosas não são um assunto sobre o qual se possa sutilizar como sobre qualquer outro. Nossa cultura está construída sobre elas; a conservação da sociedade humana tem como pressuposto que a maioria dos homens acredite na verdade dessas doutrinas. Se lhes for ensinado que não existe um Deus onipotente e absolutamente justo, nenhum ordenamento divino do mundo e nenhuma vida futura, eles se sentirão livres de toda obrigação de obedecer aos preceitos culturais. Todos obedecerão sem peias e sem medos a seus impulsos associais e egoístas, procurarão exercer seu poder, e recomeçará o caos que banimos através de um trabalho cultural milenar. Mesmo que soubéssemos e pudéssemos provar que a religião não está na posse da verdade, deveríamos silenciar sobre isso e nos comportar segundo exige a filosofia do 'como se'. No interesse da conservação de todos! E sem considerar a periculosidade da empresa, trata-se também de uma crueldade inútil. Um número incontável de pessoas encontra seu único consolo nas doutrinas da religião; somente com seu auxílio podem suportar a vida. Quer-se privá-las desse apoio e não se tem nada melhor para lhes dar em troca. Admitiu-se que a ciência não consegue fazer muita coisa atualmente, mas mesmo que estivesse muito mais avançada, não bastaria ao homem. Ele ainda tem outras necessidades imperativas que nunca poderão ser satisfeitas através da fria ciência, e é muito estranho, decididamente o cúmulo da inconsequência, que um psicólogo que sempre acentuou o quanto na vida do homem a inteligência cede lugar à vida impulsional agora se esforce em tirar dele uma preciosa satisfação de desejo e, em troca, pretenda indenizá-lo com alimento intelectual."

Quantas acusações de uma só vez! Estou preparado, porém, para contestar a todas, e defenderei, além disso, a tese de que conservar a atual relação com a religião significa um perigo maior para a cultura do que dar-lhe um fim. Mal sei, no entanto, por onde devo começar minha réplica.

Talvez com a asseveração de que eu próprio considero minha empresa inteiramente inócua e inofensiva. Desta vez, a sobrevalorização do intelecto não está do meu lado. Se os homens são conforme meus adversários os descrevem – e não posso contradizer isso –, então não há perigo algum de que um devoto, vencido pelos meus argumentos, se deixe privar de sua fé. Além disso, nada afirmei que outros homens, melhores que eu, não tenham dito de forma mais completa, enérgica e impressiva antes de mim. Seus nomes são conhecidos; não vou mencioná-los, pois não quero despertar a impressão de que pretendo me colocar entre eles. Apenas acrescentei – essa é a única novidade no que expus – alguma fundamentação psicológica à crítica de meus grandes predecessores. É muito improvável que justamente esse acréscimo acabe produzindo o efeito negado às exposições anteriores. Todavia, alguém poderia me perguntar para que escrever essas coisas quando se está certo de sua ineficácia. Mas voltaremos a isso mais tarde.

O único a quem esta publicação pode trazer prejuízos sou eu próprio. Ouvirei as mais indelicadas censuras de superficialidade, de estreiteza de ideias, de falta de idealismo e de falta de compreensão dos interesses mais elevados da humanidade. Por um lado, contudo, essas repreensões não são novas para mim, e, por outro, quando alguém, já em sua juventude, se colocou acima do descontentamento de seus contemporâneos, que mal lhe pode fazer isso na velhice, quando está certo de ser logo afastado de toda aprovação e desaprovação? Em épocas passadas era diferente; declarações assim faziam com que alguém merecesse uma abreviação certa de sua existência terrena e um bom apressamento da ocasião de fazer suas próprias experiências acerca da vida no além. Repito, porém, que esses tempos passaram, e hoje essas escrevinhações são inócuas também para o autor. Quando muito, seu livro não poderá ser traduzido e divulgado neste ou naquele país. Precisamente, é óbvio, em países que se sentem seguros de seu alto nível cultural. Porém, quando se defende a renúncia ao desejo e a resignação ao destino, também é preciso ser capaz de suportar esses danos.

Surge-me então a questão de saber se a publicação deste escrito não poderia, contudo, ser funesta para alguém. Não para uma pessoa, mas para uma causa, a causa da psicanálise. Não se pode negar que é criação minha, e as pessoas demonstraram abundante desconfiança e má vontade em relação a ela; se agora apareço com declarações tão desagradáveis, logo alguém estará disposto a passar da minha pessoa para a psicanálise. "Agora se vê", dirão, "aonde a psicanálise leva. A máscara caiu; leva à negação de Deus e do ideal moral, como já suspeitávamos desde sempre. Para nos impedir essa descoberta, fomos ludibriados com a afirmação de que a psicanálise não possui visão de mundo e não seria capaz de formar uma."

Esse barulho será de fato desagradável para mim em razão de meus numerosos colaboradores, muitos dos quais absolutamente não partilham minha posição quanto aos problemas religiosos. Mas a psicanálise já resistiu a muitas tempestades, e é preciso expô-la também a esta. Na realidade, a psicanálise é um método de investigação, um instrumento neutro, mais ou menos como o cálculo infinitesimal. Se com a ajuda deste um físico descobrisse que a Terra será destruída depois de algum tempo, certamente se hesitaria em atribuir tendências destrutivas ao próprio cálculo e bani-lo por isso. Tudo o que afirmei contra o valor de verdade das religiões não necessitava da psicanálise; foi dito por outros muito antes de sua existência. Caso se possa obter um novo argumento contra o conteúdo de verdade da religião com o emprego do método psicanalítico, *tant pis*[7] para a religião, embora, com o mesmo direito, seus defensores venham a se servir da psicanálise para reconhecer plenamente a significação afetiva das doutrinas religiosas.

Bem, para continuar a minha defesa: a religião evidentemente prestou grandes serviços à cultura humana e contribuiu muito para a domesticação dos impulsos associais, embora não o bastante. Ela dominou a sociedade humana por muitos milênios; teve tempo para mostrar

7. Tanto pior, azar. Em francês no original. (N.T.)

do que é capaz. Caso tivesse sido bem-sucedida em tornar a maioria dos homens felizes, consolá-los, reconciliá-los com a vida e transformá-los em defensores da cultura, a ninguém ocorreria aspirar a uma modificação das condições existentes. O que vemos em vez disso? Que um número assustadoramente grande de homens está insatisfeito com a cultura e infeliz nela, sentindo-a como um jugo do qual é preciso se livrar, que esses homens ou investem todas as forças em uma modificação dessa cultura, ou vão tão longe em sua hostilidade a ela que não querem saber absolutamente nada de cultura e de restrições aos impulsos. Neste ponto nos objetarão que esse estado resulta justamente do fato de que a religião perdeu uma parte de sua influência sobre as massas humanas, precisamente em decorrência do lastimável efeito dos avanços científicos. Tomemos nota dessa concessão e de seu motivo, e os utilizemos mais tarde para nossos propósitos; a objeção em si, porém, carece de força.

É duvidoso que na época do domínio absoluto das doutrinas religiosas os homens tenham sido em geral mais felizes que hoje; mais morais certamente não eram. Eles sempre souberam aparentar que seguiam os preceitos religiosos, frustrando assim o propósito destes. Os sacerdotes, que tinham de zelar pela obediência à religião, eram transigentes com eles. A bondade de Deus tinha de impedir Sua justiça: pecava-se, e então se trazia sacrifício ou se cumpria penitência, e então se estava livre para pecar outra vez. A profundeza de espírito russa se elevou à conclusão de que o pecado é imprescindível para gozar todas as bem-aventuranças da graça divina; no fundo, portanto, uma obra agradável a Deus. É notório que os sacerdotes apenas puderam conservar a submissão das massas à religião na medida em que fizeram essas grandes concessões à natureza impulsional do homem. Ficou-se nisso: apenas Deus é forte e bom, mas o homem é fraco e pecador. Em todas as épocas, a imoralidade não encontrou menos apoio na religião do que a moralidade. Se as realizações da religião quanto à felicidade do homem, à sua capacidade para a cultura e à sua limitação moral não são melhores, cabe perguntar se não superestimamos sua necessidade para o homem e se agimos sabiamente ao fundar nela nossas exigências culturais.

Considere-se a inequívoca situação atual. Ouvimos a concessão de que a religião não tem mais a mesma influência de antigamente sobre os homens. (Trata-se aqui da cultura cristã-europeia.) E isso não porque suas promessas se tornaram menores, mas porque parecem aos homens menos dignas de fé. Admitamos que a razão dessa mudança seja o fortalecimento do espírito científico nas camadas superiores da sociedade humana. (Talvez não seja a única.) A crítica corroeu a força probatória dos documentos religiosos; as ciências da natureza apontaram os erros que estes continham; chamou a atenção da pesquisa comparada a semelhança desagradável entre as ideias religiosas que veneramos e as produções espirituais de povos e de épocas primitivos.

O espírito científico gera uma maneira determinada de nos colocarmos diante das coisas deste mundo; frente aos assuntos religiosos, ele se detém por um momento, hesita, e por fim também atravessa seu limiar. Nesse processo não há interrupções; quanto mais pessoas têm acesso aos patrimônios do nosso saber, tanto mais se difunde a renegação das crenças religiosas, primeiramente apenas de suas vestes antiquadas e chocantes, mas depois também de seus pressupostos fundamentais. Os americanos que instauraram o "processo do macaco" em Dayton[8] foram os únicos a se mostrar consequentes. Normalmente, a transição inevitável se consuma com meias medidas e insinceridades.

A cultura tem pouco a temer das pessoas instruídas e dos trabalhadores intelectuais. Entre eles, a substituição dos motivos religiosos do comportamento cultural por outros, seculares, ocorreria sem alarde; além disso, em sua maior parte, eles próprios são defensores da cultura. As coisas são diferentes com a grande massa de pessoas não instruídas, oprimidas, que têm todas as razões para serem inimigas da cultura. Enquanto não souberem que não se acredita mais em Deus, tudo bem. Mas elas o saberão, sem falta, mesmo que este meu escrito não seja publicado. E elas estão prontas a aceitar os resultados do pensamento científico, sem que tenha ocorrido nelas a modificação que esse pensamento produz no homem. Não existe aí o perigo de que a hostilidade dessas massas à cultura se

---

8. Freud alude ao processo instaurado em 1925 no Tennessee contra o professor John Scopes, acusado de ensinar a teoria da evolução a seus alunos, algo proibido no referido estado. (N.T.)

lance sobre o ponto fraco que descobriram em sua subjugadora? Se não se deve matar o próximo apenas porque o bom Deus proíbe e porque castigará severamente nesta ou na outra vida, e se então se ficar sabendo que não há nenhum bom Deus, que não é preciso temer sua punição, certamente se matará o próximo sem pensar, e apenas por meio da força terrena se poderá ser impedido de fazê-lo. Portanto: ou a mais severa opressão dessas massas perigosas, o mais cuidadoso bloqueio de todas as oportunidades de despertar intelectual, ou a revisão radical das relações entre cultura e religião.

VIII

É DE SE ACREDITAR que a execução dessa última proposta não encontre dificuldades especiais em seu caminho. É verdade que então se renuncia a algo, mas talvez se ganhe mais e se evite um grande perigo. Receia-se isso, porém, como se assim a cultura fosse exposta a um perigo ainda maior. Quando São Bonifácio derrubou a árvore venerada pelos saxões, os presentes esperavam um acontecimento terrível em consequência do sacrilégio. Nada aconteceu, e os saxões aceitaram o batismo.

Se a cultura estabeleceu o mandamento de não matar o próximo a quem se odeia, que estorva ou cujas posses se cobiça, é evidente que isso ocorreu no interesse da convivência humana, que, caso contrário, seria impossível. Pois o assassino atrairia sobre si a vingança dos parentes do morto e a inveja surda dos demais, que percebem em si próprios a mesma inclinação a tais atos de violência. Assim, ele não gozaria por muito tempo sua vingança ou seu roubo, mas com grande probabilidade também seria logo assassinado. Mesmo que se protegesse do adversário individual por meio de uma força e de uma precaução extraordinárias, acabaria sendo derrotado por uma associação de homens mais fracos. Caso não se formasse tal associação, os assassinatos continuariam interminavelmente até que os homens tivessem se exterminado uns aos outros. A situação entre indivíduos seria a mesma que ainda persiste na Córsega entre famílias, mas normalmente apenas entre nações. Os riscos da insegurança da vida, que são iguais para todos, unem os homens em uma sociedade que proíbe o indivíduo de matar e se reserva o direito de assassinar coletivamente aquele que transgride a proibição. É isso, então, que constitui justiça e castigo.

Não comunicamos, porém, essa fundamentação racional da proibição de matar, mas afirmamos que tal proibição foi decretada por Deus. Atrevemo-nos, assim, a adivinhar Seus propósitos e descobrimos que também Ele não quer que os homens se exterminem mutuamente. Ao procedermos assim, revestimos a proibição cultural com uma solenidade toda especial, mas arriscamos tornar sua obediência dependente da fé em Deus. Se voltarmos atrás, se não mais atribuirmos nossa vontade a Deus e nos contentarmos com a fundamentação social, sem dúvida teremos renunciado a essa transfiguração da proibição cultural, mas também teremos evitado as ameaças a ela. Ganhamos, porém, algo mais. Por meio de uma espécie de difusão ou de infecção, o caráter sacro, inviolável, transcendental, poderíamos dizer, se alastrou de algumas poucas proibições importantes para todas as demais instituições, leis e prescrições culturais. A auréola, contudo, quase sempre lhes cai mal; não só porque se depreciam umas às outras ao tomarem decisões opostas conforme a época e o lugar, mas também porque costumam exibir todos os sinais da insuficiência humana. É fácil reconhecer nelas o que apenas pode ser o produto de uma pusilanimidade míope, a expressão de interesses mesquinhos ou a consequência de pressupostos insuficientes. A crítica que se precisa fazer a elas também diminui em medida indesejada o respeito por outras exigências culturais, mais bem justificadas. Visto que é uma tarefa melindrosa distinguir entre aquilo que o próprio Deus exigiu e aquilo que deriva antes da autoridade de um parlamento plenipotenciário ou de um alto magistrado, seria uma vantagem indubitável deixar Deus completamente fora do jogo e reconhecer de forma honesta a origem puramente humana de todas as instituições e preceitos culturais. Além da pretendida santidade, também cairiam por terra a rigidez e a imutabilidade desses mandamentos e leis. Os homens poderiam compreender que estes foram criados não tanto para dominá-los, mas antes para servir a seus interesses; conseguiriam ter uma relação mais amistosa com eles e, em vez da sua abolição, almejariam apenas seu melhoramento. Esse seria um avanço importante no caminho que leva à reconciliação com o fardo da cultura.

Neste ponto, porém, nossa defesa de uma fundamentação puramente racional dos preceitos culturais, ou seja, de sua derivação a partir da necessidade social, é subitamente interrompida por um escrúpulo. Escolhemos como exemplo a origem da proibição de matar. Nossa descrição dela corresponde à verdade histórica? Receamos que não; parece que apresentamos apenas uma construção racionalista. Com o auxílio da psicanálise, estudamos precisamente essa parte da história da cultura humana, e apoiados nesse esforço precisamos dizer que, na realidade, as coisas foram diferentes. Mesmo para o homem atual, motivos puramente racionais contam muito pouco quando comparados a ímpetos passionais; quanto mais impotentes eles não devem ter sido naquele animal humano dos tempos primitivos! Talvez seus descendentes ainda hoje se matassem uns aos outros desenfreadamente se, entre os assassinatos daquela época, não houvesse ocorrido um, o do pai primitivo, que tivesse provocado uma séria e irresistível reação de sentimentos. É dela que provém o mandamento "Não matarás", que no totemismo era limitado ao substituto do pai, posteriormente foi estendido a todos os seres humanos e mesmo hoje não é cumprido sem exceções.

Esse pai primitivo, porém, conforme explicações que não preciso repetir, foi o exemplo, o modelo segundo o qual gerações posteriores formaram a figura de Deus. Assim, a exposição religiosa é correta: Deus realmente tomou parte na origem dessa proibição; foi sua influência que a criou, e não a compreensão de uma necessidade social. E o deslocamento da vontade humana a Deus está plenamente justificado; os homens sabiam que tinham eliminado o pai de maneira violenta e, na reação ao crime que cometeram, se propuseram a respeitar sua vontade a partir de então. Assim, a doutrina religiosa nos comunica a verdade histórica, embora com certa deformação e disfarce; nossa exposição racional a desmente.

Observamos agora que o patrimônio de ideias religiosas não inclui apenas realizações de desejo, mas também reminiscências históricas significativas. Essa ação conjunta de passado e futuro – que incomparável plenitude de poder não deve outorgar à religião! Porém, com a ajuda de uma analogia, talvez tenhamos acesso a uma outra compreensão. Não é bom deslocar conceitos para longe do solo em que cresceram, mas temos de dar expressão a uma concordância. Sabemos que a criança não consegue realizar bem o seu desenvolvimento rumo à cultura sem passar por uma fase de neurose, ora mais, ora menos perceptível. Isso resulta do fato de a criança não conseguir reprimir através do trabalho racional do intelecto muitas das exigências, inúteis para a vida posterior, feitas pelos impulsos, mas precisar dominá-las através de atos de recalcamento, atrás dos quais normalmente se encontra um motivo de medo. A maioria dessas neuroses infantis é superada espontaneamente ao longo do crescimento; esse é o destino, em especial, das neuroses obsessivas da infância. Quanto às restantes, deverão ser eliminadas mais tarde com o tratamento psicanalítico. De modo muito parecido, se poderia supor que em seu desenvolvimento secular a humanidade como um todo caiu em estados análogos às neuroses, e sem dúvida pelas mesmas razões: porque nas suas épocas de ignorância e fraqueza intelectual ela apenas conseguiu fazer as renúncias impulsionais imprescindíveis à convivência humana mediante forças puramente afetivas. Processos semelhantes ao recalcamento, ocorridos nos tempos primitivos, deixaram sedimentos que por longo tempo ainda permaneceram aderidos à cultura. A religião seria a neurose obsessiva universal da humanidade e, tal como a da criança, teria sua origem no complexo de Édipo, na relação com o pai. De acordo com essa concepção, seria possível prever que o abandono da religião terá de se consumar com a mesma inexorabilidade fatal de um processo de crescimento, e que nos encontramos nessa fase de desenvolvimento precisamente agora.

Nossa atitude, então, teria de se orientar segundo o exemplo de um educador compreensivo, que não se opõe a uma reorganização iminente, mas que procura estimulá-la e conter a impetuosidade de sua irrupção. A natureza da religião, contudo, não se esgota com essa analogia. Se, por um lado, a religião produz restrições obsessivas apenas comparáveis às da neurose obsessiva individual, por outro, ela contém um sistema de ilusões de desejo com recusa da realidade como apenas encontramos isolado na amência, uma confusão alucinatória radiante. Mas isso são apenas comparações com que nos esforçamos em compreender um fenômeno social; a patologia do indivíduo não nos oferece nenhum equivalente completo.

Foi assinalado repetidas vezes (por mim e especialmente por Theodor Reik) até que grau de detalhe pode ser levada a analogia entre a religião e a neurose obsessiva, o quanto pode ser compreendido por essa via acerca das particularidades e dos destinos da formação da religião. Harmoniza-se bem com isso o fato de o crente estar protegido em alto grau do perigo de certas doenças neuróticas; a aceitação da neurose universal o dispensa da tarefa de desenvolver uma neurose pessoal.

O conhecimento do valor histórico de certas doutrinas religiosas aumenta nosso respeito por elas, mas não invalida nossa proposta de excluí-las da motivação dos preceitos culturais. Pelo contrário! Com ajuda desses restos históricos, chegamos à concepção de que as proposições religiosas são como que relictos neuróticos, e agora podemos dizer que provavelmente está na hora, tal como no tratamento analítico do neurótico, de substituir os resultados do recalcamento pelos do trabalho racional do intelecto. É de se prever, mas dificilmente poderá ser lamentado, que essa reelaboração não se detenha na renúncia à transfiguração solene dos preceitos culturais, e que uma revisão geral destes implicará a abolição de muitos deles. Por essa via, a tarefa a nós colocada de reconciliar os homens com a cultura será amplamente cumprida. Não precisamos lamentar a renúncia à verdade histórica quando a substituímos por motivações racionais para os preceitos culturais. As verdades contidas nas doutrinas religiosas estão de tal maneira deformadas e sistematicamente disfarçadas que a massa dos seres humanos não pode reconhecê-las como verdades. Ocorre algo semelhante quando contamos à criança que a cegonha traz os recém-nascidos. Também nesse caso, dizemos a verdade sob um disfarce simbólico, pois sabemos o que a grande ave significa. Mas a criança não sabe; ela percebe apenas a parte desfigurada, julga-se enganada e sabemos com que frequência sua desconfiança dos adultos e sua desobediência se ligam precisamente a essa impressão. Chegamos à convicção de que é melhor se abster de comunicar semelhantes encobrimentos simbólicos da verdade e não recusar à criança o conhecimento da situação real, adequando-o ao nível do seu intelecto.

IX

"O SENHOR SE PERMITE contradições difíceis de conciliar entre si. Primeiro afirma que um escrito como o seu é completamente inofensivo. Ninguém se deixará privar de sua fé religiosa através de semelhantes discussões. Visto, porém, que é a sua intenção abalar essa fé, como se descobre depois, pode-se perguntar: por que, afinal, o senhor o publicará? Em outro trecho, contudo, o senhor admite que as coisas podem se tornar perigosas, inclusive muito perigosas, se alguém souber que não se acredita mais em Deus. Até então a pessoa era submissa, e agora ela despreza a obediência aos preceitos culturais. Todo o seu argumento de que a motivação religiosa dos mandamentos culturais significa um perigo para a cultura repousa, afinal, sobre a suposição de que o crente pode ser transformado em descrente, o que é uma contradição total.

"Outra contradição surge quando o senhor admite, por um lado, que o homem não pode ser guiado pela inteligência, que é dominado por suas paixões e pelas exigências de seus impulsos, mas, por outro lado, o senhor propõe que as bases afetivas da obediência do homem à cultura sejam substituídas por bases racionais. Entenda isso quem puder. Parece-me que é uma coisa ou outra.

"Além disso, o senhor nada aprendeu da história? Essa tentativa de substituir a religião pela razão já foi feita uma vez, oficialmente e em grande estilo. O senhor se recorda da Revolução Francesa e de Robespierre, certo? Mas também do quanto o experimento foi efêmero e do seu lastimável malogro. Esse experimento está sendo repetido agora na Rússia, e não precisamos ficar curiosos quanto ao resultado. O senhor não acha que podemos aceitar o fato de que o homem não pode viver sem religião?

"O senhor mesmo disse que a religião é mais do que uma neurose obsessiva. Não tratou, porém, desse outro lado dela. Para o senhor, basta fazer a analogia com a neurose. E, de uma neurose, os homens precisam ser libertados. O que se perde junto com isso não o preocupa."

É provável que tenham surgido contradições aparentes porque tratei de coisas complicadas com muita pressa. Podemos consertar isso um pouco. Continuo sustentando que, em um aspecto, meu escrito é completamente inofensivo. Nenhum crente deixará sua fé vacilar em razão desses ou de argumentos semelhantes. Um crente possui determinadas ligações ternas com os conteúdos da religião. Há certamente um número incontável de outros que não são crentes no mesmo sentido. Obedecem aos preceitos culturais porque se deixam intimidar pelas ameaças da religião, temendo-a na medida em que são obrigados a considerá-la como uma parte da realidade que os restringe. Esses são os que rompem com ela tão logo possam renunciar à crença em seu valor de realidade, mas também nisso os argumentos não têm qualquer influência. Eles deixam de temer a religião quando percebem que outros também não a temem, e foi acerca deles que afirmei que ficarão sabendo do declínio da influência religiosa mesmo que eu não publique o meu escrito.

Acho, porém, que o senhor mesmo dá mais importância à outra contradição de que me acusa. Os homens são muito pouco acessíveis a motivos racionais e inteiramente dominados pelos seus desejos impulsionais. Por que, então, privá-los de uma satisfação dos impulsos e pretender substituí-la por motivos racionais? Os homens são assim, sem dúvida; mas o senhor já se perguntou se eles têm de ser assim, se é a sua natureza mais íntima que os força a isso? Pode o antropólogo fornecer o índice craniano de um povo que tem o costume de deformar as cabecinhas de suas crianças desde cedo por meio de bandagens? Pense no contraste desolador entre a inteligência radiante de uma criança saudável e a debilidade intelectual do adulto médio. Não seria possível que precisamente a educação religiosa seja culpada por boa parte dessa atrofia relativa? Acho que demoraria muito tempo até que uma criança não influenciada começasse a ter pensamentos sobre Deus e sobre coisas do outro mundo. Esses pensamentos talvez seguissem os mesmos caminhos que em seus antepassados; porém, não se espera por esse desenvolvimento, mas se apresentam as doutrinas religiosas a ela em um momento em que não lhe interessam e em que não tem capacidade para compreender o seu alcance. Retardamento do desenvolvimento sexual e antecipação da influência religiosa – esses são os dois pontos principais no programa da pedagogia atual, não é verdade? De forma que, quando o pensamento da criança desperta, as doutrinas religiosas já se tornaram inatacáveis. Acaso o senhor acha que seja muito proveitoso para o fortalecimento da função do pensamento um campo tão significativo ser bloqueado pela ameaça dos castigos do Inferno? Não precisamos nos espantar muito acerca da debilidade intelectual de quem uma vez tenha se obrigado a aceitar todos os absurdos que as doutrinas religiosas lhe apresentaram, sem crítica e mesmo sem observar as contradições entre elas. Bem, mas não temos outro meio para dominar nossos impulsos senão a nossa inteligência. Como se pode esperar que pessoas que se encontram dominadas por proibições de pensar alcancem o ideal psicológico, o primado da inteligência? O senhor também sabe que em geral se atribui às mulheres a chamada "imbecilidade fisiológica", quer dizer, uma inteligência inferior à do homem. A questão em si é controversa, e sua interpretação é duvidosa, mas um argumento a favor da natureza secundária dessa atrofia intelectual diz que as mulheres padecem sob o rigor da proibição precoce de voltar seu pensamento para aquilo que mais as teria interessado, a saber, os problemas da vida sexual. Enquanto os primeiros anos de vida do ser humano forem influenciados não só pelo impedimento de pensar sobre a sexualidade, mas também pelo impedimento de pensar sobre a religião e, derivado deste, o de pensar sobre a lealdade à monarquia, realmente não poderemos dizer como esse ser é de fato.

Mas quero moderar minha veemência e admitir a possibilidade de que também eu persigo uma ilusão. Talvez o efeito da proibição religiosa de pensar não seja assim tão grave quanto suponho; talvez se descubra que a natureza humana não muda, mesmo que não se abuse da educação para obter a sujeição religiosa. Isso eu não sei, e o senhor também não pode sabê-lo. Não apenas os grandes problemas desta vida parecem insolúveis por enquanto, mas também muitas questões menores são difíceis de decidir. Admita, porém, que temos direito a uma esperança futura, que talvez haja um tesouro a desenterrar que venha a enriquecer a cultura, de que vale a pena empreender a tentativa de uma educação irreligiosa. Caso não seja satisfatória, estou pronto a desistir da reforma e voltar ao juízo anterior, puramente descritivo: o homem é um ser de inteligência débil, dominado pelos seus desejos impulsionais.

Em outro ponto, concordo sem reservas com o senhor. É um começo insensato, sem dúvida, querer eliminar a religião violentamente e de um só golpe. Sobretudo porque isso não oferece perspectivas de êxito. O crente não se deixará privar de sua crença – não à força de argumentos e não à força de proibições. Caso se conseguisse isso com alguns, seria uma crueldade. Quem tomou soníferos por décadas obviamente não poderá dormir quando privado do remédio. Que seja lícito comparar o efeito das consolações religiosas ao de um narcótico é algo que um acontecimento nos Estados Unidos ilustra muito bem. Lá querem agora – manifestamente sob a influência do domínio feminino – privar as pessoas de todos os narcóticos, estimulantes e entorpecentes, e, em compensação, saciá-las com o temor a Deus. Esse também é um experimento sobre cujo resultado não é preciso ficar curioso.

Contradigo-o, portanto, quando o senhor conclui que o homem absolutamente não pode prescindir do consolo da ilusão religiosa, que sem ela não lhe seria possível suportar o peso da vida, a cruel realidade. De fato, não o homem a quem o senhor tenha instilado o doce

– ou agridoce – veneno desde a infância. Mas e aquele que for criado sóbrio? Talvez aquele que não sofra da neurose também não precise de nenhuma intoxicação para anestesiá-la. O homem certamente se encontrará então em uma situação difícil: terá de reconhecer todo o seu desamparo, sua insignificância no mecanismo do mundo, não será mais o centro da criação e o objeto do cuidado terno de uma Providência bondosa. Ele estará na mesma situação da criança que deixou a casa paterna, tão aquecida e confortável. Mas não é verdade que o destino do infantilismo é ser superado? O homem não pode permanecer criança para sempre; ele precisa sair finalmente para a "vida hostil". Pode-se chamar isso de "educação para a realidade"; ainda preciso lhe dizer que a única intenção deste meu escrito é chamar a atenção para a necessidade desse avanço?

O senhor provavelmente teme que o homem não resista à dura prova. Bem, deixe-nos, em todo caso, ter esperanças. Já é alguma coisa quando alguém sabe que depende de suas próprias forças. Aprende-se, então, a usá-las corretamente. O homem não se encontra inteiramente sem ajuda; desde os tempos do

Dilúvio, sua ciência o ensinou muitas coisas, e ela aumentará ainda mais o seu poder. E quanto às grandes inevitabilidades do destino, contra as quais não há remédio, aprenderá a suportá-las com resignação. Que lhe deve importar a miragem de um latifúndio na Lua, de cujas colheitas jamais alguém viu coisa alguma? Na condição de pequeno lavrador honesto nesta Terra, ele saberá cuidar de sua gleba de maneira que ela o alimente. Por não colocar mais suas expectativas no além e concentrar todas as forças liberadas na vida terrena, provavelmente conseguirá que a vida se torne suportável para todos e que a cultura não oprima mais ninguém. Então, com um de nossos companheiros de descrença, poderá dizer sem pesar:

> E o céu deixaremos
> Aos anjos e aos pardais.[9]

9. Heinrich Heine, *Alemanha, um conto de inverno*, capítulo I. (N.T.)

X

"Isso soa mesmo grandioso. Uma humanidade que renunciou a todas as ilusões e assim se tornou capaz de se organizar de modo tolerável na Terra! Não posso, contudo, partilhar de suas expectativas. Não porque eu seja o reacionário empedernido pelo qual o senhor talvez me tome. Não; por ponderação. Acho que agora trocamos os papéis; o senhor se mostra como o entusiasta que se deixa arrebatar por ilusões, e eu represento a reivindicação da razão, o direito do ceticismo. O que o senhor aí apresentou me parece construído sobre erros, que, de acordo com o seu próprio procedimento, posso chamar de ilusões, pois revelam de modo bastante claro a influência de seus desejos. O senhor coloca sua esperança na possibilidade de que gerações que não tenham experimentado a influência das doutrinas religiosas em sua primeira infância alcancem facilmente o almejado primado da inteligência sobre a vida impulsional. Isso provavelmente é uma ilusão; nesse ponto decisivo, a natureza humana dificilmente mudará. Se não me engano – sabe-se tão pouco de outras culturas –, mesmo hoje há povos que não crescem sob a pressão de um sistema religioso, e eles não se aproximam mais do que outros do ideal que o senhor tem em mente. Se o senhor quer eliminar a religião de nossa cultura europeia, isso só poderá acontecer mediante um outro sistema de doutrinas, e este assumiria desde o início todas as características psicológicas da religião: a mesma santidade, rigidez e intolerância, e, para sua defesa, a mesma proibição de pensar. O senhor precisará de alguma coisa desse tipo para corresponder às exigências da educação. A esta o senhor não poderá renunciar. O caminho que leva da criança de colo ao homem aculturado é longo; pessoas demais se desviarão desse caminho e não alcançarão a tarefa de suas vidas no devido tempo se forem abandonadas sem orientação ao próprio desenvolvimento. As doutrinas que fossem empregadas na sua educação sempre colocariam restrições ao pensamento de seus anos maduros, exatamente do mesmo modo que o senhor hoje censura à religião. O senhor não percebe que o defeito congênito inextinguível de nossa cultura, de toda cultura, consiste em impor à criança, dominada por impulsos e intelectualmente débil, a tomada de decisões que apenas a inteligência amadurecida do adulto pode justificar? A cultura, porém, não pode agir de outro modo, devido à concentração do desenvolvimento humano de séculos em alguns poucos anos de infância, e apenas por meio de forças afetivas a criança pode ser levada a dominar a tarefa que lhe é colocada. Essas são, portanto, as perspectivas para o 'primado do intelecto' de que o senhor fala.

"O senhor não deve se surpreender se agora intervenho a favor da conservação do sistema religioso de ensino como a base da educação e da convivência humanas. Trata-se de um problema prático, e não de uma questão de valor de realidade. Visto que, no interesse da continuidade de nossa cultura, não podemos esperar para influenciar o indivíduo até que ele tenha se tornado maduro para ela – muitos absolutamente nunca o serão –, visto que somos forçados a impingir ao adolescente algum sistema de doutrinas que deve agir nele como um pressuposto a salvo da crítica, o sistema religioso me parece ser, de longe, o mais apropriado. Obviamente, justo por causa de sua capacidade consoladora e realizadora de desejos, na qual o senhor julga ter reconhecido a 'ilusão'. Diante das dificuldades de conhecer algo da realidade, e também da dúvida sobre se isso nos é mesmo possível, não queremos negligenciar que as necessidades humanas também são uma parte da realidade, e uma parte importante, que nos diz respeito de um modo muito especial.

"Vejo outra vantagem da doutrina religiosa em uma de suas peculiaridades que parece escandalizá-lo de modo especial. Ela permite uma purificação e uma sublimação conceituais com que se pode eliminar a maior parte daquilo que leva em si a marca do pensamento infantil e primitivo. O que então resta é um conteúdo de ideias que a ciência não contradiz mais e que também não pode refutar. Essas transformações da doutrina religiosa, que o senhor condenou como meias medidas e compromissos, tornam possível evitar a ruptura entre a massa inculta e o pensador filosófico; elas conservam a comunhão entre eles, tão importante para a segurança da cultura. Então não se deve temer que o homem do povo descubra que as camadas superiores da sociedade 'não acreditam mais em Deus'. Acredito haver mostrado que o esforço do senhor se reduz à tentativa de substituir uma ilusão provada e afetivamente valiosa por uma outra, não provada e indiferente."

Não sou inacessível à sua crítica. Sei como é difícil evitar ilusões; talvez as esperanças de que me declarei partidário também sejam de natureza ilusória. Mas insisto em uma diferença. Minhas ilusões – abstraindo o fato de que não há punição alguma por não partilhá-las – não são incorrigíveis como as religiosas, não possuem o caráter delirante. Se a experiência chegasse a mostrar – não a mim, mas a outros depois de mim que pensem do mesmo modo – que nos enganamos, renunciaríamos a nossas expectativas. Tome a minha tentativa pelo que ela é. Um psicólogo que não se ilude sobre o quanto é difícil orientar-se neste mundo se esforça por julgar o desenvolvimento da humanidade segundo o pouquinho de compreensão que obteve através do estudo dos processos psíquicos que ocorrem no indivíduo durante seu desenvolvimento de criança a adulto. Ao fazê-lo, impõe-se a ele a concepção de que a religião é comparável a uma neurose infantil, e é otimista o bastante para supor que a humanidade irá superar essa fase neurótica da mesma forma que tantas crianças deixam para trás suas neuroses semelhantes. Tais conhecimentos extraídos da psicologia individual podem ser insuficientes, a transferência para a espécie humana pode não ser justificada, o otimismo pode ser infundado; concedo-lhe todas essas incertezas. Mas com frequência não se pode deixar de dizer o que se pensa, e uma pessoa se escusa por isso na medida em que não atribui a suas opiniões um valor maior do que possuem.

Ainda preciso me demorar em dois pontos. Em primeiro lugar, a fraqueza da minha posição não significa nenhum fortalecimento da sua. Sou da opinião de que o senhor defende uma causa perdida. Podemos insistir o quanto quisermos que o intelecto humano é débil quando comparado à vida impulsional, e termos razão nisso. Mas há algo especial nessa fraqueza; a voz do intelecto é baixa, mas não descansa até que seja ouvida. No fim, depois de incontáveis e repetidas rejeições, ela o consegue. Esse é um dos poucos pontos em que é lícito ser otimista quanto ao futuro da humanidade, mas, em si, ele não significa pouco. Pode-se ligar a ele ainda outras esperanças. O primado do intelecto está sem dúvida a uma grande, grande distância, mas ela provavelmente não é infinita. E visto que, presumivelmente, ele se colocará os mesmos objetivos cuja realização o senhor espera de Deus – em escala humana, é claro, na medida em que a realidade externa, a Ἀνάγχη, o permitir –, ou seja, o amor entre os seres humanos e a limitação do sofrimento, podemos dizer que nosso antagonismo é apenas temporário, que não é irreconciliável. Esperamos a mesma coisa, mas o senhor é mais impaciente, mais exigente e – por que não devo dizê-lo? – mais egoísta do que eu e os meus. O senhor pretende que a bem-aventurança comece imediatamente após a morte, pede dela o impossível e não quer renunciar às pretensões dos indivíduos. Desses desejos, nosso deus Λόγος[10] realizará aqueles que a natureza exterior nos permitir, porém muito gradativamente, apenas em um futuro imprevisível e para outros seres humanos. Ele não promete uma compensação para nós, que sofremos duramente com a vida. No caminho para essa meta distante, as doutrinas religiosas que o senhor defende precisam ser abandona-

10. O par de deuses Λόγος-Ἀνάγχη do holandês Multatuli. (N.T.: *Logos*, "Razão" e *Ananque*, "Necessidade". Multatuli era o pseudônimo de Edward Douwes Dekker (1820-1887), um dos autores prediletos de Freud.)

das, pouco importa que as primeiras tentativas fracassem, pouco importa que as primeiras formações substitutivas se revelem inconsistentes. O senhor sabe por quê; a longo prazo, nada pode resistir à razão e à experiência, e a oposição da religião a ambas é por demais manifesta. Mesmo as ideias religiosas purificadas não podem escapar a esse destino enquanto ainda quiserem reter algo do conteúdo consolador da religião. Todavia, se tais ideias religiosas se restringirem a asseverar a existência de um ser espiritual superior cujas qualidades são indefiníveis, cujas intenções são ininteligíveis, elas até se tornarão invulneráveis às objeções da ciência, mas também perderão seu interesse para os homens.

Em segundo lugar: preste atenção à diferença existente entre a minha e a sua atitude diante da ilusão. O senhor precisa defender a ilusão religiosa com todas as suas forças; se ela perder o valor – e ela está de fato bastante ameaçada –, então o seu mundo desmoronará e nada vai lhe restar senão desesperar de tudo, da cultura e do futuro da humanidade. Dessa servidão eu estou livre, nós estamos livres. Visto que estamos preparados para renunciar a uma boa parte de nossos desejos infantis, podemos suportar que algumas de nossas expectativas se revelem como ilusões.

A educação libertada do fardo das doutrinas religiosas talvez não mude muito a essência psicológica do homem; nosso deus Λόγος talvez não seja muito onipotente e cumpra apenas uma pequena parte do que seus antecessores prometeram. Se tivermos de reconhecer isso, iremos aceitá-lo com resignação. Não iremos perder o interesse pelo mundo e pela vida em razão disso, pois em um lugar temos um apoio firme que falta ao senhor. Acreditamos que seja possível ao trabalho científico descobrir algo acerca da realidade do mundo, algo que pode aumentar nosso poder e permitir que organizemos nossa vida. Se essa crença é uma ilusão, estamos na mesma situação que o senhor; porém, a ciência nos provou através de inúmeros e significativos êxitos que não é uma ilusão. Ela possui muitos inimigos francos e um número muito maior de inimigos dissimulados entre aqueles que não podem lhe perdoar o fato de ter debilitado a crença religiosa e de ameaçar deitá-la abaixo. Ela é censurada por nos ter ensinado tão pouco e por ter deixado incomparavelmente mais coisas na escuridão. Esquece-se, porém, do quanto ela é jovem, de como foram difíceis os seus primórdios e de quão diminuto é o lapso de tempo decorrido desde que o intelecto humano se encontra fortalecido para as tarefas dela. Não cometeríamos um erro, todos nós, ao fundamentarmos nossos juízos em lapsos de tempo demasiado curtos? Deveríamos tomar os geólogos como exemplo. As pessoas se queixam da incerteza da ciência dizendo que ela anuncia hoje como lei aquilo que a geração seguinte reconhece como erro e substitui por uma nova lei com um prazo de validade igualmente curto. Mas isso é injusto e parcialmente falso. As mudanças nas opiniões científicas consistem em evolução, em avanço, e não em revolução. Uma lei que de início era considerada absolutamente válida mostra-se como sendo um caso especial de uma regularidade mais ampla ou então é limitada por uma outra lei que se conhece apenas mais tarde; uma aproximação grosseira da verdade é substituída por outra mais cuidadosamente ajustada, que, por sua vez, aguarda um aperfeiçoamento subsequente. Em diversos campos, ainda não se superou uma fase de investigação em que são testadas hipóteses que logo precisam ser rejeitadas como insuficientes; em outros, porém, já existe um núcleo assegurado e quase invariável de conhecimento. Tentou-se, por fim, depreciar radicalmente o esforço científico através da observação de que ele, preso às condições de nossa própria organização, não pode fornecer outra coisa senão resultados subjetivos, enquanto a natureza efetiva das coisas fora de nós lhe permanece inacessível. Essa observação desconsidera vários fatores decisivos para a concepção do trabalho científico: que nossa organização, quer dizer, nosso aparelho psíquico, se desenvolveu precisamente no esforço de explorar o mundo externo, ou seja, que ele deve ter concretizado uma parcela de adequação em sua estrutura; que ele próprio é um elemento desse mundo que devemos investigar, e que ele admite essa investigação muito bem; que a atividade da ciência está plenamente circunscrita se a limitamos a mostrar como o mundo nos deve aparecer em consequência da particularidade de nossa organização; que os resultados finais da ciência, precisamente por causa da maneira como foram obtidos, não são condicionados apenas pela nossa organização, mas também por aquilo que agiu sobre essa organização; e, por fim, que sem levar em conta nosso aparelho psíquico perceptivo, o problema da constituição do mundo é uma abstração vazia, sem interesse prático.

Não, nossa ciência não é uma ilusão. Seria ilusão, porém, acreditar que pudéssemos conseguir em outra parte aquilo que ela não pode nos dar.

Bibliografia[1]

Freud, S. *Totem und Tabu* [*Totem e tabu*]. 1912-1913. (*Gesammelte Werke*, vol. 9; *Studienausgabe*, vol. 9, p. 287) (70-74)

Moebius, P.J. *Über den physiologischen Schwachsinn des Weibes* [*Sobre a imbecilidade fisiológica da mulher*]. 5. ed. Halle, 1923. (119)

Multatuli. *Multatuli-Briefe* [*As cartas de Multatuli*]. (2 vols.) Frankfurt am Main, 1906. (130)

Reik, T. "Dogma und Zwangsidee: eine psychoanalytische Studie zur Entwicklung der Religion" ["Dogma e ideia obsessiva: um estudo psicanalítico sobre o desenvolvimento da religião"]. *Imago*, vol. 13, p. 247, 1927. (112)

Vaihinger, H. *Die Philosophie des Als Ob* [*A filosofia do como se*]. 8. ed. Berlim, 1922. (82)

1. Os números entre parênteses no final de cada entrada indicam a(s) página(s) em que a obra é mencionada na presente edição. (N.T.)

Livros de Freud publicados pela **L&PM** EDITORES

Além do princípio de prazer
O caso Schreber – Observações psicanalíticas sobre um caso de paranoia descrito autobiograficamente
Compêndio da psicanálise
Da história de uma neurose infantil [O Homem dos Lobos]
Fragmento de uma análise de histeria [O caso Dora]
Inibição, sintoma e medo
A interpretação dos sonhos
O futuro de uma ilusão
O Homem dos Ratos – Observações sobre um caso de neurose obsessiva
O homem Moisés e a religião monoteísta
O mal-estar na cultura
Psicologia das massas e análise do eu
Sobre a psicopatologia da vida cotidiana
Totem e tabu

L&PMCLÁSSICOS**MODERNOS**
O futuro de uma ilusão seguido de *O mal-estar na cultura*

Série Ouro:
A interpretação dos sonhos

Livros relacionados
Freud – Chantal Talagrand e René Major (**L&PM** POCKET Biografias)
A interpretação dos sonhos (MANGÁ)
Sigmund Freud – Paulo Endo e Edson Sousa (**L&PM** POCKET **ENCYCLOPAEDIA**)

Martha Medeiros
Doidas e Santas
L&PM POCKET

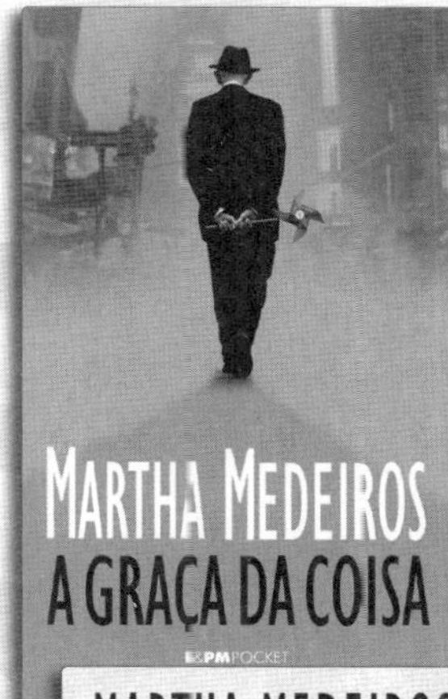

MARTHA MEDEIROS
A GRAÇA DA COISA
L&PM POCKET

Martha Medeiros
Simples Assim
L&PM POCKET

MARTHA MEDEIROS
feliz por nada
L&PM POCKET

Poirot
Agatha Christie
Agatha Christie
MORTE NO NILO
Agatha Christie
MORTE NA PRAIA
POST CARD
L&PM POCKET
Agatha Christie
NOITE DAS BRUXAS
Agatha Christie
ENCONTRO COM A MOR
Agatha Christie
ASSASSINATO NO EXPRESSO ORIENTE
L&PM POCKET
Agatha Christie
A MANSÃO OLLOW
L&PM POCKET

Miss Marple

Agatha Christie®

L&PM POCKET

lepmeditores

www.lpm.com.br
o site que conta tudo

Impresso na Gráfica COAN
Tubarão, SC, Brasil